AF577832

RICHARD J. EVANS

Veränderte Vergangenheiten

RICHARD J. EVANS

VERÄNDERTE VERGANGENHEITEN

Über kontrafaktisches Erzählen in der Geschichte

Aus dem Englischen von Richard Barth

Deutsche Verlags-Anstalt

Die Originalausgabe erschien 2013
unter dem Titel *Altered Pasts. Counterfactuals in History*
bei Brandeis University Press (An imprint of University Press
of New England)

Verlagsgruppe Random House FSC© N001967
Das für dieses Buch verwendete FSC©-zertifizierte Papier
Munken Premium Cream liefert Arctic Paper Munkedals AB, Schweden.

1. Auflage

Typographie und Satz: Brigitte Müller/DVA
Gesetzt aus der Palatino
Druck und Bindung: GGP Media GmbH, Pößneck
Printed in Germany
ISBN 978-3-421-04650-5

www.dva.de

Für Christine
Wenn wir uns nicht kennengelernt hätten …

Der Historiker […] muss gegenüber seinem Objekt einen indeterministischen Gesichtspunkt wahren. Er versetzt sich ständig in einen Augenblick der Vergangenheit, in dem die erkennbaren Faktoren noch verschiedene Ergebnisse zuzulassen schienen. Spricht er von Salamis, dann ist es noch möglich, dass die Perser siegen werden, spricht er vom Staatsstreich des Brumaire, so ist noch offen, ob Bonaparte nicht eine schmähliche Zurückweisung erfahren werde. […] [Doch] der Historiker hat das Bestreben, in der Überlieferung einer bestimmten Vergangenheit der menschlichen Gesellschaft eine Bedeutung zu erkennen. […] Der von uns aufgestellte historische Zusammenhang, eine Schöpfung unseres Geistes, hat nur Sinn, sofern wir ihm ein Ziel oder, wie wir sagen wollen, einen Weg zu einem bestimmten Ergebnis hin zusprechen. […] Deshalb ist die historische Denkweise immer zielstrebig. […] Die Frage der Geschichte lautet immer: Wozu und wohin? Sie muss als eine im höchsten Grade zielstrebig eingestellte Wissenschaft bezeichnet werden.

—Johan Huizinga[1]

INHALT

EINLEITUNG

Dieses Buch ist ein Essay über den Einsatz von kontrafaktischen Szenarien im Rahmen der historischen Forschung und Geschichtsschreibung. Unter kontrafaktischen Szenarien verstehe ich alternative Versionen der Vergangenheit, bei denen die Änderung eines einzelnen Ereignisses auf der Zeitachse zu einem anderen Ergebnis als dem führt, das sich tatsächlich ereignet hat. Zu den Beispielen, auf die in den folgenden Kapiteln näher eingegangen wird, gehören: Was wäre geschehen, wenn Großbritannien nicht in den Ersten Weltkrieg eingetreten, sondern neutral geblieben wäre? Welche Folgen hätte es gehabt, wenn Großbritannien 1940 oder 1941 einen Separatfrieden mit Nazideutschland geschlossen hätte? Oder: Wie hätten die Briten sich verhalten, wenn sie die Luftschlacht um England verloren hätten und Großbritannien von den Streitkräften des »Dritten Reichs« besetzt worden wäre?

Das erste Kapitel gibt einen Überblick über die Geschichte kontrafaktischer Szenarien seit den Anfängen im 19. Jahrhundert und sucht nach Erklärungen für ihre Wiederbelebung und Popularität, vor allem in Großbritannien und den Vereinigten Staaten, in den 1990er Jahren und im ersten Jahrzehnt des neuen Jahrtausends. Im zweiten Kapitel werden die Argumente für und gegen den Einsatz von kontrafaktischen Szenarien abgewogen. Das Kapitel setzt sich kritisch mit einigen der wichtigsten Beispiele für dieses Genre auseinander und fragt nach den Folgen für das, was viele seiner Vertreter als »historischen Determinismus« bezeichnen. Das dritte Kapitel untersucht verschiedene Beispiele dafür, wie Historiker und Romanautoren die Vergangenheit zu ihren eigenen Zwecken neu erfunden haben, etwa indem sie auf der Grundlage einer veränderten Vergangenheit eine »alternative« Geschichte oder eine imaginäre Zukunft entworfen haben. Im vierten und letzten Kapitel wird all das zusammengefasst und versucht, eine Antwort auf die Frage zu geben, ob und, wenn ja, inwiefern kontrafaktische Szenarien ein nützliches Werkzeug für den Historiker sind und wo sie an ihre Grenzen stoßen.

Erstmals geweckt wurde mein Interesse an kontrafaktischen Szenarien, als ich 1998 in der Sendung »Robin Day's Book Talk« auf *BBC News 24* an einer Fernsehdiskussion mit Antonia Fraser und Niall Ferguson teilnahm. Letzterer hatte soeben sein wegweisendes Buch *Virtuelle Geschichte* veröffentlicht. Von mir war gerade *Fakten und Fiktionen* erschienen, und das Konzept der kontrafaktischen Geschichte ließ die fundamentalen Fragen zu den Grenzen zwischen Fakten und Fiktionen, mit denen jenes Buch sich beschäftigt hatte, in einem neuen Licht erscheinen. Die Einladung, im Oktober 2002 die Butterfield Lecture an der Queen's University in Belfast zu halten, war eine gute Gelegenheit, eine eingehendere Auseinandersetzung mit jenen Fragen zu unternehmen. Eine überarbeitete Fassung dieser Vorlesung erschien unter dem Titel »Telling It Like It Wasn't« im *BBC History Magazine* (Nr. 3, 2002, S. 2–4) und wurde später in der amerikanischen Zeitschrift *Historically Speaking* abgedruckt (Ausgabe 5/4, März 2004), wo sie zum Gegenstand mehrerer engagierter und umfangreicher Artikel wurde; eine

Antwort darauf erschien in derselben Ausgabe (S. 28–31). Der gesamte Gedankenaustausch ist abgedruckt in: Donald A. Yerxa, *Recent Themes in Historical Thinking: Historians in Conversation*, Columbia 2008, S. 120–130.

An der Reaktion von Geoffrey Parker und Philip Tetlock in *Historically Speaking*, sowie an den ausgefeilteren Argumenten, die sie in Einleitung und Schluss ihres zwei Jahre später erschienenen Sammelbandes mit kontrafaktischen Szenarien, *Unmaking the West*, vorbrachten, wurde deutlich, dass der Anspruch der Anhänger kontrafaktischer Geschichte noch einmal überdacht werden sollte. Außerdem gibt es mittlerweile mehrere theoretische, nachdenkliche Auseinandersetzungen mit den von kontrafaktischer Geschichte aufgeworfenen Problemen, deren Spektrum von heftiger Kritik bis umsichtiger Rechtfertigung reicht. Dadurch wurde die Debatte auf eine neue Ebene gehoben. Als mir daher von der Historical Society of Israel, einer unabhängigen Organisation, deren Geschichte weit in die 1930er Jahre zurückgeht, die Einladung zukam, 2013 die Menahem Stern Jerusalem Lectures zu einem Thema von historischem Interesse mit besonderem Schwerpunkt auf dessen methodische und theoretische Aspekte abzuhalten, war das ein willkommener Anlass, die Auseinandersetzung mit der kontrafaktischen Geschichte erneut zu intensivieren. Das Ergebnis ist das vorliegende Buch.

Den ersten Dank schulde ich der Historical Society of Israel, ihrem Vorsitzenden, Professor Israel Bartel, ihrem Geschäftsführer, Herrn Zvi Yekutiel, und ihrem Vorstand, für die große Ehre, die sie mir mit der Einladung nach Jerusalem erwiesen haben. In die Fußstapfen von Historikern wie Carlo Ginzburg, Anthony Grafton, Emmanuel Le Roy Ladurie, Fergus Millar, Natalie Zemon Davis, Anthony

Smith, Peter Brown, Jürgen Kocka, Keith Thomas, Heinz Schilling, Hans-Ulrich Wehler und Patrick Geary zu treten ist eine ehrenvolle Aufgabe; erleichtert wurde sie mir von Maayan Avineri-Rebhun, der wissenschaftlichen Sekretärin der Historical Society, die mit mustergültiger Liebenswürdigkeit und Effizienz alles arrangiert hat. Die Unterstützung durch Tovi Weiss war unbezahlbar, und die Mitarbeiter des Gästehauses und Kulturzentrums Mishkenot Sha'ananim, das von seinem erhöhten Standort einen Blick auf die Mauern der Jerusalemer Altstadt gewährt, waren ausnahmslos sehr zuvorkommend. Die geduldigen Zuhörer haben mit ihren Fragen zur Verbesserung der Argumente in diesem Buch beigetragen. Otto Dov Kulka hat mich nicht nur auf die Gedanken von Johan Huizinga zu diesem Thema aufmerksam gemacht, sondern erwies sich auf unseren Ausflügen in und um Jerusalem auch als herzlicher und stimulierender Gastgeber, und Ya'ad Biran hat uns kenntnisreich die faszinierenden Sehenswürdigkeiten innerhalb der Stadtmauern erläutert. Professor Yosef Kaplan, Herausgeber der Buchreihe zu den Stern Lectures, hat die Publikation meiner Vorlesungen vorangetrieben. Mein Agent Andrew Wylie und seine Mitarbeiter, allen voran James Pullen vom Londoner Büro der Agentur, haben viel geleistet, damit das Buch unter Bedingungen erscheinen konnte, die ihm hoffentlich eine breite Leserschaft sichern werden. Die Mitarbeiter der Brandeis University Press arbeiteten ebenso gründlich wie professionell; besonders dankbar bin ich Richard Pult und Susan Abel, die den Produktionsprozess überwacht haben, Cannon Labrie für das hervorragende Lektorat, sowie Tim Whiting von Little, Brown, für seine Arbeit an der Ausgabe für Großbritannien und den Commonwealth. Simon Blackburn, Christian Goeschel, Rachel Hoffman, David Motadel,

Pernille Røge und Astrid Swenson haben innerhalb kürzester Zeit das Manuskript gelesen und viele Verbesserungen vorgeschlagen. Christine L. Corton hat mit geschultem Auge die Fahnen korrekturgelesen. Ihnen allen bin ich zu Dank verpflichtet; die Verantwortung für das Folgende liegt jedoch einzig bei mir.

Richard J. Evans Cambridge, Juli 2013

KAPITEL 1
WUNSCHDENKEN

Was wäre gewesen, wenn? Was, wenn Hitler 1930 bei einem Autounfall gestorben wäre: Wären die Nationalsozialisten trotzdem an die Macht gekommen, hätte der Zweite Weltkrieg stattgefunden, wären sechs Millionen Juden vernichtet worden? Was, wenn im 18. Jahrhundert in Amerika keine Revolution ausgebrochen wäre: Wäre die Sklaverei dann früher abgeschafft, der Amerikanische Bürgerkrieg von 1860–65 verhindert worden? Was, wenn es die Balfour Declaration nie gegeben hätte: Wäre der Staat Israel je gegründet worden? Was, wenn Lenin nicht im Alter von 53 Jahren gestorben wäre, sondern zwanzig Jahre länger gelebt hätte: Wäre es dann zu den blutigen Grausamkeiten der Stalinzeit nie gekommen? Was, wenn im Jahre 1588 der Spanischen Armada die Invasion und Eroberung Englands gelungen wäre: Wäre England dann wieder katholisch geworden, und wenn ja, welche Auswirkungen hätte das auf die englische Kunst, Kultur, Gesellschaft, Wissenschaft und Wirtschaft gehabt? Was, wenn Al Gore 2000 die amerikanischen Präsidentschaftswahlen gewonnen hätte: Hätte der Irakkrieg trotzdem stattgefunden? Was, wenn Napoleon – wie Victor Hugo in seinem Opus Magnum *Les Misérables* ausgiebig spekulierte – die Schlacht bei Waterloo gewonnen hätte? Denn wie um alles in der Welt, fragte der Romancier verblüfft, war es möglich, dass er verloren hat?[1] Dinge, die geschehen sind, schrieb James Joyce in *Ulysses*, »sind nicht fortzudenken. Die Zeit hat sie unauslöschlich gezeichnet, und gefesselt sind sie nun untergebracht im Raum der unbegrenzten Möglichkeiten, die sie ungenutzt gelassen haben. Aber können die denn überhaupt möglich gewesen sein angesichts dessen, dass sie niemals waren? Oder war allein das möglich, was sich auch wirklich begab?«[2]

Die Frage, was hätte geschehen können, hat Historiker schon immer fasziniert. Lange glich diese Faszination jedoch, wie E. H. Carr unter der Überschrift *Was ist Geschichte?* 1961 in seinen Trevelyan Lectures in Cambridge feststellte, der eines unterhaltsamen Gesellschaftsspiels, einer amüsanten Spekulation von der Art, über die Blaise Pascal sich vor Jahrhunderten auf unnachahmliche Weise lustig machte, als er fragte: Was wäre geschehen, wenn Kleopatra eine kleinere Nase gehabt hätte, also nicht schön gewesen wäre und auf Mark Anton keine so verhängnisvolle Anziehungskraft ausgeübt hätte, so dass dieser nicht von seinen Vorbereitungen, Oktavian zu besiegen, abgelenkt worden wäre – und die Schlacht bei Actium gewonnen hätte? Wäre das Römische Weltreich dann nie entstanden?[3] Höchstwahrscheinlich schon, wenn auch möglicherweise auf andere Weise und zu einem etwas anderen Zeitpunkt. Es waren größere Kräfte am Werk als die Verliebtheit eines einzigen Mannes. Auf eine vergleichbare satirische Absicht stößt man im 18. Jahrhundert in populären Geschichten wie dem 1732 in Paris veröffentlichten und wenig später ins Englische übersetzten Buch *Les Aventures de M. Robert Chevalier*, einem Gedankenspiel, in dem die amerikanischen Ureinwohner Europa entdecken und so Kolumbus zuvorkommen.[4] Berühmt schließlich die Passage, in der Edward

Gibbon sich in seiner *Geschichte vom Niedergang und Verfall des Römischen Reiches* über die Universität lustig macht, in der er die nach eigener Aussage langweiligsten und sinnlosesten Jahre seines Lebens zugebracht hatte: Wenn Karl Martell die Mauren 733 nicht besiegt hätte, so Gibbon, hätte der Islam vielleicht die Vorherrschaft in Europa erlangt, »an Universitäten wie Oxford würde möglicherweise die Auslegung des Korans gelehrt, und von ihren Kanzeln würde einem beschnittenem Volk die Heiligkeit und Wahrheit der Offenbarung des Mohammed verkündet.«[5] Offensichtlich war Gibbon der Auffassung, dass sich letzten Endes, *mutatis mutandis*, zumindest was Oxford betraf, nicht sonderlich viel geändert hätte.

Kurze, verstreute Andeutungen von Alternativen zum tatsächlich Geschehenen finden sich in den Werken einer Vielzahl von Autoren aus allen Jahrhunderten, von den Spekulationen des römischen Historikers Livius, was passiert wäre, wenn Alexander der Große Rom erobert hätte, bis zur Phantasieerzählung *Tirant lo Blanc* von Joanot Martorelli und Martí Joan de Galba aus dem Jahr 1490 über eine Welt, in der das Byzantinische das Osmanische Reich besiegt hat und nicht umgekehrt. Wenige Jahrzehnte nach der tatsächlichen Eroberung Konstantinopels durch die Türken entstanden, war diese Phantasiegeschichte die erste ihrer Art und unverkennbar von Wunschdenken geprägt. Lange blieb sie jedoch ohne echte Nachahmer. Eine notwendige Vorbedingung dafür, nicht nur in fiktionalen, sondern auch in historiographischen Werken über mögliche Alternativen zum Geschehenen nachzudenken, war ein rationalistischer Ansatz wie der Gibbons, der eine Sichtweise ablöste, die die Geschichte der Menschheit als Resultat des Waltens der Göttlichen Vorsehung auf Erden betrachtete. Solange die Göttliche Vorsehung von Protestanten und Katholiken gleichermaßen für sich reklamiert werde, schrieb Isaac D'Israeli 1835 in der ersten Bearbeitung dieses Themas, seinem kurzen Aufsatz über die »Geschichte von Ereignissen, die nie passiert sind«, könne diese den neutralen Betrachter kaum überzeugen. Diese Erkenntnis war nicht neu, doch D'Israeli versuchte sie zu untermauern, indem er eine Reihe historischer Texte aufzählte, die (wenn auch zumeist nur kurze) Spekulationen darüber anstellten, was passiert wäre, wenn beispielsweise Karl Martell den Mauren unterlegen, die Spanische Armada in England gelandet oder Charles I. nicht hingerichtet worden wäre. Alles worauf D'Israeli hinauswollte war, dass Historiker die Idee der »Vorsehung« seiner Meinung nach durch die Konzepte »Unabwendbarkeit« und »Zufall« ersetzen sollten.[6] Bevor derartigen Spekulationen breiter Raum zugebilligt werden konnte, war noch ein weiterer Schritt vonnöten. Wie andere Historiker zur Zeit der Aufklärung betrachtete Gibbon Zeit noch als einförmig und die menschliche Gesellschaft als statisch: seine römischen Senatoren kann man sich leicht als Perücken tragende Gentlemen des 18. Jahrhunderts bei einer Debatte im Unterhaus vorstellen, und die Charaktereigenschaften, die sie an den Tag legten, unterschieden sich kaum von denen, die Gibbon bei seinen Zeitgenossen antraf. Ehe die Frage gestellt werden konnte, inwiefern die grundlegenden Wesenszüge einer Epoche völlig unterschiedlich ausfallen hätten können, wenn die Geschichte einen anderen Verlauf genommen hätte, bedurfte es der neuen, romantischen Sichtweise, wie der Romanautor Walter Scott und sein historiographischer Schüler Leopold von Ranke sie einnahmen, derzufolge die Vergangenheit sich grundsätzlich von der Gegenwart unterscheidet.[7]

Wie nicht anders zu erwarten, war der Erste, der diese Idee ausführlich in die Tat umsetzte, ein französischer Bewunderer von Kaiser Napoleon: Louis Geoffroy. Schließlich verbrachte der Kaiser selbst einen guten Teil seiner Zeit auf St. Helena, dem Ort seines Exils nach seiner Niederlage bei Waterloo, mit Träumereien, wie er seine Feinde hätte besiegen können. Hätten die Russen Moskau nicht in Brand gesteckt, als die Grande Armée sich 1812 ihren Toren näherte, seufzte er, hätten seine Streitkräfte dort überwintern können, und dann, »sobald das Wetter sich wieder gebessert hätte, hätte ich meine Feinde angegriffen; ich hätte sie besiegt; ich wäre Herrscher über ihre Reiche geworden [...] denn ich hätte gegen Männer und Waffen gekämpft, nicht gegen die Natur.« Es war die Geburtsstunde der Legende, Napoleon sei von »General Winter« besiegt worden.[8] Geoffroy hielt es nicht für notwendig, die Flammen in Moskau zu löschen. Stattdessen ließ er den Kaiser in seinen »Napoleon-Apokryphen« von 1836 nach Norden marschieren, Richtung St. Petersburg, die russische Armee vernichtend schlagen, Zar Alexander I. gefangen nehmen und Schweden besetzen. Nachdem er das Königreich Polen wiederhergestellt und die Eroberung Spaniens abgeschlossen hat, startet er an der englischen Ostküste nördlich von Yarmouth eine Invasion und pulverisiert in der Schlacht von Cambridge eine unter dem Kommando des Duke of York stehende, 230 000 Mann starke englische Armee. England wird Frankreich angegliedert und in 22 französische Départements aufgeteilt. 1817 ist Preußen von der Landkarte getilgt, und vier Jahre später besiegt Napoleon in Palästina eine große muslimische Streitmacht, besetzt Jerusalem, zerstört sämtliche Moscheen in der Stadt und nimmt den schwarzen Stein aus der Ruine des Felsendoms mit zurück nach Paris.[9]

Damit sind seine Erfolge jedoch keineswegs zu Ende, denn wenig später erobert Napoleon Asien einschließlich China und Japan, wo er alle Heiligtümer anderer Religionen zerstört, erlangt die Hegemonie über Afrika und bringt, nachdem er auf einem 1827 in Panama abgehaltenen Kongress von sämtlichen nord- und südamerikanischen Staatshäuptern dazu aufgefordert worden ist, Amerika unter französische Kontrolle. In seiner Antrittsrede als »Weltherrscher« verkündet Napoleon, seine universelle Monarchie werde »in meinem Geschlecht vererbt, und von jetzt an wird es auf dem Globus bis zum Ende der Zeiten nur eine Nation und eine Macht geben [...]. Das Christentum ist die einzige Religion auf Erden.« Mit dem neuen, vom Papst verliehenen Titel »Eure Allmacht« gerüstet, findet er sogar erneut das häusliche Glück, denn der Tod seiner österreichischen Gemahlin, die er nur aus politischen Gründen geheiratet hat, ermöglicht es ihm, seine geliebte Joséphine zu ehelichen.

Als er schließlich 1832 stirbt, hat er mehr erreicht als jeder andere Staatsmann oder General der Geschichte. Er ist alles andere als ein rücksichtsloser Diktator gewesen, hat die Legislative erhalten und sich als liberaler und friedliebender Monarch erwiesen. Wie das Zusammenfallen des Sieges Frankreichs mit dem Sieg des Christentums andeutet, geht all das in erster Linie auf das Walten der Göttlichen Vorsehung zurück, und zumindest in dieser Hinsicht war Geoffroys Ansatz ziemlich altmodisch. Auch wohnte ihm ein starkes Element von historischer, oder vielleicht besser pseudohistorischer Zwangsläufigkeit inne: eine einzige Veränderung des Laufs der Geschichte, in Moskau, führte unaufhaltsam zu einer ellenlangen Kette von Ereignissen, die ohne jede Möglichkeit der Abweichung oder Rückgängigmachung aus ihr folgten, ja schließlich gar zum Ende der

Geschichte, wie Napoleon in seiner Antrittsrede als Weltherrscher verkündet. So weit ging nicht einmal Victor Hugo, der in *Les Misérables* argumentierte, die Göttliche Vorsehung habe bestimmt, dass in der Geschichte für einen Giganten wie Napoleon kein Platz mehr sei, so dass Waterloo, wo sich der nüchterne, phantasielose Charakter des langweiligen Militärstrategen Wellington gegenüber dem Genie Napoleons als siegreich erwiesen hatte, in einem weiteren Sinn einen deutlichen Wendepunkt in der Weltgeschichte markiere als lediglich im Hinblick auf das Ende des militärischen Ruhms Frankreichs.[10]

Natürlich hatte in Wirklichkeit die Vorsehung, wie Geoffroy wohlbekannt war, entschieden, dass Napoleon nicht die Welt beherrschen sollte, und Geoffroy erinnert den Leser mehrfach an diese Tatsache, etwa wenn er eine skurrile alternative Geschichte erwähnt, derzufolge Napoleon die Schlacht bei Waterloo verliert und ins Exil auf St. Helena geschickt wird, oder wenn er Napoleon nach der Eroberung Asiens an Bord eines Schiffes im Südatlantik St. Helena ausmachen lässt, ein Anblick, der ihm einen Schauer über den Rücken jagt und ihn für einen Moment den Blick über den Tellerrand seiner fiktiven Existenz hinaus auf die Realität richten lässt, die ihn tatsächlich umgibt. Der Leser wusste, dass Napoleon in Wirklichkeit vor Moskau besiegt worden war und dass die Russen 1812 genau deshalb Sieger geblieben waren, weil sie sich geweigert hatten, sich dem französischen Kaiser in einer offenen Schlacht zu stellen. Doch trotz all dieser Schwächen: das Buch Geoffroys stellt jedenfalls die erste deutlich erkennbare, ausführliche spekulative alternative Geschichte dar, und es erschien zu einem Zeitpunkt, Mitte der 1830er Jahre, als der Mythos Napoleon seinen Höhenflug antrat, um eineinhalb Jahrzehnte später mit den Ereignissen nach der Revolution von 1848, vor allem dem Staatsstreich Louis Napoleons und seiner Annahme des Titels »Kaiser Napoleon III.«, seinen großen Triumph zu feiern. Was für Pascal oder Gibbon nur ein Spiel gewesen, war hier handfesten politischen Absichten gewichen. Geoffroy war niemand anders als der Adoptivsohn Napoleons I. Er war von diesem unter seine Fittiche genommen worden, nachdem sein leiblicher Vater in der Schlacht bei Austerlitz gefallen war, und sein Vorname war in Wirklichkeit nicht Louis, sondern Louis-Napoléon. Demungeachtet büßte das Buch durch das gesamte 19. und bis ins 20. Jahrhundert hinein nichts an Faszination und Anziehungskraft ein und erlebte – damit die Franzosen nicht vergaßen, wie es auch hätte kommen können – zahlreiche Neuauflagen. Sein Erfolg war so nachhaltig, dass Robert Aron ihm 1937 eine Darstellung entgegensetzte, in der Napoleon die Schlacht bei Waterloo gewinnt, danach jedoch zu dem Schluss kommt, dass Krieg und Eroberung voll Übel sind, abdankt und trotzdem (allerdings freiwillig) ins Exil auf St. Helena geht – und somit seine »innere Größe« und seine »Einsicht in die Notwendigkeit« unter Beweis stellt.[11]

Geoffroys Darstellung war ohne Zweifel Wunschdenken reinsten Wassers. Ihre methodische Prämisse wurde zwanzig Jahre später, 1857, vom Philosophen Charles Renouvier in einer später in Buchform veröffentlichten Serie von Artikeln aufgegriffen und systematisiert. Renouvier gab ihr den Namen, unter dem sie seither im Französischen und Deutschen bekannt ist: Uchronie. »Der Autor produziert eine *Uchronie*, eine Utopie der Vergangenheit. Er schreibt Geschichte nicht so, wie sie gewesen ist, sondern wie sie gewesen sein könnte.«[12] Ehrlicher wäre gewesen, Renouvier hätte geschrieben: »wie sie sein hätte *sollen*«. Er selbst verfolgte einen dezidiert politischen Ansatz. Er beschrieb seine Methode mit Hilfe eines Diagramms, das unterschiedliche Stadien zeigte, angefangen bei jenem Moment, in dem die erfundene Geschichte erstmals von der tatsächlichen abweicht, dem *point de scission,* der zur *première déviation* führt. Während der imaginäre Verlauf der Geschichte (*trajectoire imaginaire*) aus einer einzigen Linie besteht, die sich ohne Abweichungen in die imaginäre Zukunft erstreckt, zweigt der tatsächliche Verlauf (*trajectoire réelle*) immer wieder in kurze Linien ab, die in einer Sackgasse enden und nur dadurch miteinander verbunden werden können, dass man sie wieder mit der Hauptlinie des imaginären Verlaufs verbindet. Das Entscheidende ist der Winkel, in dem der imaginäre Verlauf vom realen abzweigt, und der, so Renouvier, hänge davon ab, welches Ziel der Autor verfolge.[13] Im Falle Renouviers besteht das Ziel darin, die Sache der Freiheit voranzubringen, indem man sie mittels einer imaginären Vergangenheit verwirklicht. Zur Illustration liefert er eine Chronik der Religionsgeschichte seit den Römern unter Bezug auf das Prinzip der Toleranz.

Nach einer Beschreibung der Ausgangslage (die Intoleranz der Römer gegenüber dem Judentum – die er auf für französische Antisemiten Mitte des 19. Jahrhunderts nicht untypische Weise rechtfertigt, indem er die Juden als religiöse Fanatiker bezeichnet, die von der »Weltherrschaft« träumten –, und eine ähnliche Intoleranz gegenüber dem frühen Christentum), lanciert er die *première déviation,* indem er den römischen Kaiser Mark Aurel auf einem seiner Feldzüge irrtümlicherweise für tot erklären lässt, woraufhin dieser vom General Avidius Cassius abgelöst wird, einem Anhänger der Römischen Republik. Später startet Cassius gemeinsam mit dem auf den Thron zurückgekehrten Mark

Aurel ein Reformprogramm, das zur Ablösung der Klasse der Sklaven durch ein freies Bauerntum und schließlich, nach vielen Umwegen, im Weströmischen Reich zur Entstehung einer Staatsreligion führt, die auf Hausgöttern beruht, aber andere Religionen toleriert. Im Osten dagegen setzt sich ein fanatisches orthodoxes Christentum durch, so dass es zu Kreuzzügen kommt – nicht gegen Jerusalem, sondern gegen Rom, dessen Einwohner von einer Streitmacht aus 400 000 eklatant intoleranten Kreuzrittern aus dem Osten zu dem bekehrt werden sollen, was diese für die wahre Lehre Jesu halten. Glücklicherweise schlägt dieses Ansinnen jedoch fehl, weil sie sich aufgrund von Streitigkeiten über den Inhalt dieser »wahren Lehre« alsbald gegenseitig bekämpfen. Durch das von der Intoleranz ausgelöste politische Chaos unterliegt der Osten den Barbaren, wohingegen der tolerante Stoizismus des Westens die Unabhängigkeitserklärungen der Gallier, Briten, Spanier und so weiter überlebt. Letztere schließen sich, unbelastet von religiösen Differenzen, zu einem Bund unabhängiger europäischer Staaten zusammen. Auch im Osten führen die siegreichen Barbaren das Christentum wieder ein, aber in reformierter Form, ohne Beichte, ohne Fegefeuer, ohne Klöster, und generell ohne das Brimborium des Katholizismus oder der Orthodoxie. Hier wie dort florieren Wissenschaft und Gelehrsamkeit, und am Ende appelliert Renouvier an die Menschheit, einen Völkerbund und einen internationalen Strafgerichtshof zu gründen. Indem er dieser harmonischen Geschichte in einer Reihe von Anhängen das gegenüberstellte, was er als die inhumanen und freiheitsfeindlichen Verwüstungen des Katholizismus im Lauf der Jahrhunderte betrachtete, betonte Renouvier den Kontrast zwischen idealer und realer Geschichte. Letztere erhält seiner Ansicht nach erst durch

Erstere ihre Bedeutung, und nicht zufällig wird das Buch als Übersetzung eines alten Manuskripts vorgestellt, das eine Familie verfolgter religiöser Nonkonformisten aufbewahrt habe, um die Erinnerung daran wachzuhalten, dass die Dinge auch anders liegen könnten und um ein Haar alles besser gekommen wäre.[14]

Weder der kurze, in einem obskuren Pariser Verlag auf Englisch erschienene Essay D'Israelis, noch Geoffroys verwegene napoleonische Phantasieerzählung, so populär sie bei Teilen der französischen Leserschaft auch gewesen sein mag, noch die schwer zugängliche, argumentativ dichte antiklerikale philosophische Abhandlung Renouviers lösten einen Trend hin zu Spekulationen über unterschiedliche Wege aus, die die Geschichte hätte einschlagen können. Weiterhin erschienen nur sporadisch neue Beiträge zu diesem Genre, wie zum Beispiel der Essay »If Napoleon Had Won the Battle of Waterloo«, den der britische Historiker G. M. Trevelyan für einen 1907 von der *Westminster Gazette* ausgelobten Wettbewerb schrieb. Hätte Napoleon die Schlacht bei Waterloo gewonnen, so Trevelyan in Anknüpfung an die Spekulationen von Victor Hugo, so wären die Briten gezwungen gewesen, Frieden zu schließen, und unter der Ägide des erzkonservativen Lord Castlereagh hätten sich die wirtschaftlichen und sozialen Bedingungen (trotz eines von Lord Byron angeführten Arbeiteraufstands, der niedergeschlagen und der adlige Dichter hingerichtet worden wäre) verschlechtert. Liberale Briten wären nach Lateinamerika geflohen, wo die reaktionäre britische Regierung im Bündnis mit Spanien für die Sicherung der spanischen Kolonien gekämpft hätte, während auf dem europäischen Kontinent das Ancien Régime trotz des Einflusses von Napoleon weiterhin auf unreformierten, aufklärungsfeindlichen Pfaden gewandelt wäre. Napoleon hätte sich ganz und gar nicht angeschickt, die Welt zu erobern; angesichts der Kriegsmüdigkeit, die nach zwei Jahrzehnten, in denen sich ein bewaffneter Konflikt an den anderen gereiht hatte, in Frankreich und Europa insgesamt herrschte, hätte er vielmehr beschlossen, dass das Maß voll war, und sich friedlich zur Ruhe gesetzt. In diesem Szenario stirbt Napoleon schließlich, während er über einen neuen Krieg mit dem Ziel der Einigung Italiens nachdenkt – einen Krieg, zu dem es nicht mehr kommt.[15]

Trevelyan war ein begeisterter Anhänger der italienischen Einigung und schrieb drei umfangreiche Bände über deren Held, Giuseppe Garibaldi. Politisch war er ein engagierter Liberaler, genau wie sein Großonkel Lord Macaulay, der 1832 zu den lautstärksten Befürwortern einer Ausdehnung des Wahlrechts gehörte. Trevelyans Darstellung der Ereignisse nach einem angenommenen Sieg Napoleons bei Waterloo hat mit Wunschdenken denkbar wenig zu tun. Es handelt sich vielmehr um eine düstere Geschichte, die veranschaulicht, wie schlimm es hätte kommen können, und damit implizit betont, wie Waterloo, trotz einer vorübergehenden Welle der politischen Repression und der wirtschaftlichen Not, durch die Beendigung der Tyrannenherrschaft des französischen Kaisers die Grundlage für die vielfältigen Triumphe des Liberalismus im 19. Jahrhundert gelegt hat. Tatsächlich war all das, wie Trevelyan sehr wohl bewusst war, natürlich wenig plausibel, denn eine Niederlage der vom Duke of Wellington kommandierten Armeen 1815 hätte nicht unbedingt das Ende des Krieges bedeutet. Die Alliierten hätten sich neu formieren und weiterkämpfen können, bis Napoleon schließlich besiegt gewesen wäre – schließlich überstiegen ihre Ressourcen zu diesem Zeitpunkt die der erschöpften Franzosen bei weitem. Auch hier haben wir es also mit einer alternativen Geschichte zu tun, die in erster Linie auf politischen Motiven und Überzeugungen beruhte.[16]

In ihrer Funktion als unterhaltsamer Zeitvertreib waren kontrafaktische Szenarien allerdings alles andere als tot. 1932 erschien, herausgegeben von Sir John Collings Squire, unter dem Titel *If It Had Happened Otherwise* die erste Sammlung mit Aufsätzen dieses Genres; darin war auch der Aufsatz von Trevelyan über Waterloo erneut abgedruckt. Squire war ein konservativer Literaturkritiker und Dichter, der in den 1930er Jahren mit der British Union of Fascists sympathisierte und ein unverbesserlicher Gegner des literarischen Modernismus war. Er stellte sich gerne als Bier trinkender, Cricket spielender englischer Gentleman dar, der seinem Nachnamen (zu dt. »Gutsherr«) alle Ehre mache – Virginia Woolf und die Bloomsbury Group pflegten ihn und seinen Zirkel als »Squirarchie« zu bezeichnen –, und viele seiner Veröffentlichungen waren heiter und humorvoll.[17] In diese Kategorie fiel auch *If It Had Happened Otherwise.* Die Beiträge stammten überwiegend von Literaten (Frauen waren nicht vertreten). Viele kehrten auf unterhaltsame und effektvolle Weise den Gang der Geschichte um: Der bekannte Historiker Philip Guedalla machte sich einen Spaß daraus, sich die Rolle des Islam in Europa auszumalen, wenn es den Mauren 1492 gelungen wäre, den Versuch ihrer Vertreibung aus Spanien zu vereiteln,[18] und der Diplomat Harold Nicolson stellte sich Lord Byron genüsslich als griechischen König vor. Politischer war der Beitrag von Monsignor Ronald Knox, der in düsteren Farben ausmalte, was sich in Großbritannien zugetragen hätte, wenn der Generalstreik von 1926 erfolgreich gewesen wäre. Von Gewerkschaften und linken Sozialisten beherrscht, hätte das Land eine ähnliche Entwicklung durchgemacht wie das sowjetische Russland: Die Bildungs- und Meinungsfreiheit wären unterdrückt und alles vom Staat kontrolliert worden. Knox' Aufsatz ist ein weiteres Beispiel für die dystopische Spielart der alternativen Geschichte, wie sie Jahre zuvor Trevelyan praktiziert hatte.

Doch nicht wenige der Autoren in Squires Sammelband ergriffen die Gelegenheit beim Schopf, ausgiebig in höchst nostalgischem Wunschdenken zu schwelgen. Was wäre geschehen, fragte sich G. K. Chesterton in seiner »kleinen literarischen Phantasie«[19], wenn Ritter Johann von Österreich Maria Stuart geheiratet hätte – England also, ebenso wie der Autor, katholisch geblieben wäre? (Der Fortschritt in Großbritannien und Europa wäre beschleunigt worden.) Wäre Louis XVI. mutiger gewesen, mutmaßte der französische Schriftsteller André Maurois, so hätte die Französische Revolution nie stattgefunden und Frankreich wäre wie Großbritannien eine konstitutionelle Monarchie geworden. Wäre der liberal gesinnte Deutsche Kaiser Friedrich III. 1888 nicht nach wenigen Monaten der Regentschaft an Krebs gestorben, glaubte der deutsche Populärhistoriker und Biograph Emil Ludwig, so wäre Deutschland eine parlamentarische Demokratie geworden, anstatt der autoritäre Staat zu bleiben, der 1914 mit so katastrophalen Folgen für Deutschland, Europa und die ganze Welt in den Krieg zog. Sir Charles Petrie, ein weiterer konservativer Historiker, der den britischen Faschisten nahestand (allerdings stets gegen die Nationalsozialisten war), war der Auffassung, dass es für Großbritannien (insbesondere für das literarische und kulturelle Leben) besser gewesen wäre, wenn Bonnie Prince Charlie den Hannoveranern 1745 erfolgreich die englische

Krone entrissen hätte. Und Winston Churchill argumentierte, hätte General Lee die Schlacht von Gettysburg gewonnen, hätte das letztlich zur Vereinigung der englischsprachigen Völker geführt – eine Idee, die er als Sohn eines englischen Vaters und einer amerikanischen Mutter gewissermaßen selbst verkörperte. Dass ein erheblicher Teil der Essays in diesem Band von Nostalgie und Bedauern über historische Fehlentwicklungen durchzogen war, machte sie zu mehr als einem bloßen literarischen Zeitvertreib. Dieses Merkmal von »Was wäre gewesen, wenn«-Geschichten sollte sich Jahrzehnte später erneut Bahn brechen, vehementer denn je.

Selbstverständlich könnte man viele dieser Phantasien leicht hinterfragen, und es wäre nicht weiter schwierig, mit hinreichender Plausibilität Auswirkungen zu beschreiben, die in eine ganz andere Richtung weisen als die vom jeweiligen Autor erwartete. Das von Philip Guedalla imaginierte islamische Europa (ein Thema, das wie wir gesehen haben schon Gibbon und D'Israeli ausgelotet hatten) klammerte den militanten Katholizismus der Franzosen aus – gut möglich, dass diese einem Aufruf des Papstes zu einem erneuten Kreuzzug gegen die siegreichen Mauren in Spanien Folge geleistet hätten. Lord Byron wäre beim Versuch, die zerstrittenen und streitlustigen Griechen unter Kontrolle zu bringen, vermutlich auch nicht mehr Erfolg beschieden gewesen als deren echtem Monarchen, jenem Wittelsbacher Prinzen, der ihr unglücklicher König Otto wurde. Die britischen Gewerkschaften, die den Generalstreik von 1926 organisierten, waren moderate Pragmatiker, die vom Gedanken an ein sowjetisches England wahrscheinlich genauso entsetzt gewesen wären wie Ronald Knox. Eine Ehe zwischen Maria Stuart und Ritter Johann von Österreich hätte die schottische Königin keine Spur weniger flatterhaft und kein bisschen vernünftiger gemacht und ihr auch nicht mehr Einfluss auf die Protestanten verschafft; und der österreichische Prinz wäre ebenso konsequent vom politischen Leben in Großbritannien ausgeschlossen worden wie Philip II., nachdem er Marias Namensvetterin geheiratet hatte, Maria I. Tudor. Weder Louis XVI. von Frankreich noch irgendein anderes Mitglied seiner Familie machte die geringsten Anstalten, ein konstitutioneller Monarch zu werden; sie hätten bei der erstbesten Gelegenheit ihre absolutistische Herrschaft wiederhergestellt. Die Vorstellung, Friedrich III. sei ein Liberaler gewesen, hat eine neuere Biographie als Mythos entlarvt; im Übrigen hatte er einen schwachen Charakter und war Wachs in den Händen des rücksichts- und skrupellosen Bismarck. Bonnie Prince Charlie mag der Nachwelt als romantische Gestalt erschienen sein, doch auch er war schwach und unentschlossen, und hätte im Fall seiner Thronbesteigung wohl wenig Veränderungen bewirkt. Amerika schließlich war in den 1860er Jahren bereits zu stark und unabhängig, als dass die konföderierten Staaten im Falle ihres Sieges über eine Union mit England nachgedacht hätten. Zweifellos wollten die Essays die Leser nicht überzeugen, sondern mit ihren Spekulationen lediglich unterhalten. Doch wenn Historiker glaubhafte Szenarien entwickeln wollten, das zeichnete sich hier bereits deutlich ab, so mussten sie größere Sorgfalt auf die Auswahl plausibler Ausgangsbedingungen für ihre Szenarien verwenden als die von Squire versammelten Autoren.

Der von Squire herausgegebene Band spiegelt zum Teil die Unsicherheiten und Sorgen der britischen Politik Ende der 1920er und Anfang der 1930er Jahre wider, einer Zeit, in der keine Partei eine Mehrheit im Parlament zu erringen vermochte und Politiker wie Oswald Mosley und Winston Churchill problemlos von einer Partei in die andere wechseln konnten. Als mit dem Aufstieg des Nazismus die Konturen der britischen und europäischen Politik deutlicher hervortraten, verebbten derartige Spekulationen. Hin und wieder erschienen in den folgenden Jahren weitere mal mehr, mal weniger ernst gemeinte kontrafaktische Essays. Arnold Toynbees weit ausgreifender, mehrbändiger *Gang der Weltgeschichte* enthielt eine Handvoll spekulativer Gedankenspiele dieser Art. Darin griff Toynbee den Gedanken Gibbons auf und fragte, wie Frankreich sich entwickelt hätte, wenn Karl Martell nicht die Oberhand über die Mauren behalten hätte, oder er stellte sich vor, was geschehen wäre, wenn die Wikinger ganz Europa erobert hätten.[20] 1953 veröffentlichte der amerikanische Autor Joseph Ward Moore den Roman *Bring the Jubilee*, der Mitte des 20. Jahrhunderts in jenem Teil der Vereinigten Staaten spielt, der nach dem Sieg General Lees in der Schlacht von Gettysburg (dem Zeitpunkt, ab dem die kontrafaktische Erzählung vom realen Gang der Geschichte abweicht) den Amerikanischen Bürgerkrieg verloren hat. Die siegreichen Konföderierten haben Südamerika und weite Teile des Pazifiks erobert, doch Deutschland hat den Ersten Weltkrieg gewonnen und ist zu einer konkurrierenden Supermacht aufgestiegen. Die Sklaverei ist abgeschafft, aber der technische Fortschritt verläuft im Schneckentempo: Es gibt weder Flugmaschinen noch Glühbirnen noch Autos oder Telefone. Während die konföderierten Staaten eine Blütezeit erleben, sind die Vereinigten Staaten auf ein vergleichsweise kleines Gebiet in Nordamerika zusammengedrängt worden und in Armut und rassistischer Gewalt versunken.

Der Roman möchte kein plausibles kontrafaktisches Szenario entwerfen, sondern in satirischer Absicht Merkmale der tatsächlichen Geschichte in ihr Gegenteil verkehren. Der Science-Fiction-Charakter wird bestätigt, als der Held eine Möglichkeit findet, in die Vergangenheit zu reisen (was angesichts der vom Autor postulierten technologischen Rückständigkeit wenig glaubhaft wirkt), Zeuge der Schlacht von Gettysburg wird und versehentlich den Schachtverlauf beeinflusst, so dass Lee nicht gewinnt, sondern verliert – und der Zeitverlauf wieder bei dem landet, was wir erlebt haben: Der Norden besiegt die Konföderierten und die Geschichte verläuft weiter wie in der Realität. Praktischerweise ist der Held somit in einer Vergangenheit gefangen, die er selbst ins Leben gerufen hat, denn die Welt, aus der er kommt, ist spurlos verschwunden.[21]

Vereinzelte Artikel, in der Regel von Spezialisten verfasst und auf ihr eigenes Forschungsgebiet bezogen, erschienen im Lauf der 1960er und 1970er Jahren in verschiedenen Fachzeitschriften, ohne dass daraus eine Mode geworden wäre. 1961 veröffentlichte der amerikanische Journalist William L. Shirer, Autor des umfangreichen Bestsellers *Aufstieg und Fall des Dritten Reiches*, den kurzen Essay »If Hitler Had Won World War II«, in dem er annimmt, die Nationalsozialisten hätten Amerika erobert und einen Holocaust unter amerikanischen Juden in die Wege geleitet. Der Text zielte darauf ab, den Amerikanern die Verbrechen des Nationalsozialismus wieder ins Gedächtnis zu rufen, und fiel in eine Zeit, in der in Jerusalem der Prozess gegen Adolf Eichmann stattfand, der für die Organisation der Vernichtung der europäischen Juden verantwortlich zeichnete. Shirer war in den 1930er Jahren Zeitungskorrespondent in Deutschland gewesen und hatte den Antisemitismus persönlich miterlebt. Er war von Anfang an überzeugt, dass die überwältigende Mehrheit der Deutschen hinter Hitler stand, und wollte verhindern, dass in der von Freundschaft zwischen Westdeutschland und den Vereinigten Staaten geprägten Zeit des Kalten Krieges die Geschichte des Nazismus in Vergessenheit gerät.[22] Einen wissenschaftlicheren Ansatz verfolgte der britische Historiker Geoffrey Parker, der 1976 einen ernsthaften kontrafaktischen Essay veröffentlichte, eine Studie darüber, was wohl geschehen wäre, wenn die Spanische Armada 1588 erfolgreich in England gelandet wäre: Philip II. von Spanien hätte das Land erobert und rekatholisiert, und indem er sich die wirtschaftliche Schlagkraft Englands für seine globalen Ambitionen zunutze gemacht hätte, wäre es ihm vielleicht gelungen, im Deutschen Reich der Gegenreformation zum Sieg zu verhelfen und Nordamerika der spanischen Krone zu unterwerfen.[23]

Vier Jahrzehnte später sollte Parker mit einer Aufsatzsammlung und einem systematischeren Versuch, seine Spekulationen zu rechtfertigen, zum Genre der kontrafaktischen Szenarien zurückkehren. Sein Aufsatz war insofern exemplarisch für die verschiedenen Sammlungen, die ihm vorausgingen und folgten, als kontrafaktische Spekulationen stets in Form von (zumeist sehr kurzen) Aufsätzen daherkommen. Mangels authentischem empirischem Quellenmaterial geht Historikern meist schnell die Puste aus. Längere kontrafaktische Spekulationen sind fast immer in Romanform erschienen. Besonders bemerkenswert in dieser Hinsicht ist der Roman *Licht am Ende des Tunnels*, mit dem der italienische Autor Guido Morselli sich 1975 an kontrafaktischer Spekulation versuchte. In einer Mischung aus Roman, Chronik und Geschichte beschreibt Morselli darin eine Welt, in der die Pattsituation des Ersten Weltkriegs 1916 durch einen österreichischen Stoßtrupp aufgebrochen wird, der mit Hilfe eines geheimen Tunnels die Alpen durchquert, völlig überraschend in Norditalien auftaucht und nach Südfrankreich vorstößt. Eine britische Kommandoeinheit entführt derweil den Kaiser, dessen Angebot, sich gegen 80 000 britische Kriegsgefangene eintauschen zu lassen, seine Selbstgefälligkeit demonstriert und in Deutschland so viel Empörung auslöst, dass sich Reichskanzler Bethmann Hollweg zum Rücktritt gezwungen sieht. Nachdem die deutsche Armee an der Westfront die Verteidigungslinie der Alliierten durchbrochen und die deutsche Marine in der Nordsee die britische zerstört hat, schließt Bethmann Hollwegs liberaler Nachfolger Walther Rathenau mit den Alliierten einen Waffenstillstand. Dessen Bestimmungen, die zur Überraschung aller keine territorialen Forderungen enthalten, sondern die Schaffung eines europäischen Bundesstaats unter sozialistischem Vorzeichen vorsehen, stoßen in Deutschland auf Ablehnung, woraufhin es zu antisemitischen Demonstrationen kommt und Rathenau nach einem Coup durch Hindenburg abgelöst wird. Der Feldmarschall unterwirft die besiegten Länder einem derart strengen Besatzungsregime, dass überall Widerstandsbewegungen entstehen und ihn die Gewerkschaften in ganz Europa mit Hilfe eines Generalstreiks stürzen. Rathenau kehrt ins Amt zurück, und am Ende entsteht doch noch ein sozialistischer europäischer Bundesstaat.[24]

Morselli gibt sich große Mühe, sorgfältig recherchierte Details einzuarbeiten, die auf tatsächliche Ereignisse verweisen, aber in eine andere chronologische Abfolge gebracht werden. Beispielsweise wird der Kapp-Putsch von 1920, ein Staatsstreich von rechts in Berlin, der aufgrund eines Generalstreiks scheiterte, ein wenig vorverlegt und Hindenburg statt Kapp zugeschrieben, und der militärische Durchbruch in Italien und an der Westfront schließt sich an eine detaillierte, auf historischen Quellen beruhende Beschreibung der unmittelbar vorausgehenden tatsächlichen Ereignisse an. Doch die veränderten historischen Tatsachen, auf denen die Erzählung aufbaut, sind zu zahlreich und zu willkürlich, als dass sie überzeugen könnten. Allein schon der geheime Tunnel durch die Alpen ist eine äußerst gewagte Hypothese, und ob er den Österreichern den von Morselli beschriebenen kriegsentscheidenden Vorteil verschafft hätte, ist alles andere als gewiss. Außerdem handelt es sich dabei nicht um einen veränderten historischen Umstand, sondern um reine Fiktion. Vollends phantastisch wird das Ganze durch die Entführung des Kaisers. Walther Rathenau glaubte zweifellos an die wirtschaftliche Einigung Europas und an eine zentral gelenkte Wirtschaft, war jedoch keineswegs ein Sozialist, sondern ein Geschäftsmann mit erheblichem Vermögen und politisch ein Liberaler. Die Vorstellung, er hätte anstelle einer wirtschaftlichen eine politische Einigung Europas angestrebt, sprengt erneut die Grenzen dessen, was plausibel erscheint.[25] Unter dem Strich ist das Buch weder ein kontrafaktisches historisches Szenario noch reine kontrafaktische Fiktion. In erster Linie ist es ein Beispiel für Wunschdenken. Morselli wandelt mit seiner kontrafaktischen Geschichte des Krieges auf Renouviers Spuren, indem er eine veränderte Vergangenheit nicht nur als retrospektive Utopie darstellt, sondern sie mit der Realisierung der Idee eines Völkerbundes auch zum Ende führt. Der einzige Unterschied besteht darin, dass zum Zeitpunkt, als Morselli schrieb, eine solche internationale Organisation tatsächlich existierte – allerdings keineswegs auf sozialistischer Basis.[26]

Ein Jahr darauf, in einer Atmosphäre der vorsichtigen Liberalisierung, die sich nach dem Tod von Diktator Franco allmählich in Spanien ausbreitete, veröffentliche der katalanische Autor Víctor Alba eine »Geschichte der Zweiten Spanischen Republik 1936–1976«, in der er die Ereignisse in jenen vier Jahrzehnten schilderte, die seit der (in Wirklichkeit finalen) Krise der Republik vergangen waren, als wäre es nie zum Bürgerkrieg gekommen. Anstatt einem stümperhaften Staatsstreich zum Opfer zu fallen, der die drei Jahre währenden Feindseligkeiten zwischen Republikanern und Nationalisten auslöste, verhaftet die Regierung unter Casares Quiroga die Verschwörer, schickt Franco und seine Generalitätsclique in Frührente und besänftigt die Linke, indem sie fast ein Drittel der Wirtschaft verstaatlicht. Damit dieser veränderte historische Ausgangspunkt plausibel erscheint, muss Alba Quiroga als einen sehr viel stärkeren und entschlussfreudigeren Politiker darstellen, als er in Wirklichkeit war (tatsächlich zauderte er zu lang und trat schließlich zurück). Wie Geoffroy streut auch Alba Anspielungen auf den tatsächlichen Gang der Ereignisse ein und stellt sie als Ausgeburt einer gestörten Phantasie dar. In der Erzählung tauchen reale Persönlichkeiten auf, etwa Franco höchstpersönlich: Nachdem Deutschland und Italien die Spanische Republik besetzt haben, weil sie einen wichtigen Verbündeten der Französischen Republik in ihr sahen, wird Franco 1940 wieder als Generalstabschef eingesetzt. Wie in Wirklichkeit wird Guernica von den Deutschen bombardiert, der Dichter Lorca wird ermordet, und die Ereignisse des Bürgerkriegs verwandeln sich auf wundersame Weise in einen Konflikt zwischen Spanien und den Achsenmächten.[27] Eine Replik auf dieses Beispiel prorepublikanischen Wunschdenkens ist das 1989 erschienene Buch »Die Roten haben den Krieg gewonnen« von Fernando Vizcaíno Casas. Während Alba sich mächtig ins Zeug legte, um sein Buch mit wissenschaftlicher Forschung zu untermauern, stellte der rechtskonservative Franco-Anhänger Vizcaíno die Republikaner polemisch und ohne sich allzu sehr um die Fakten zu scheren als Kommunisten oder deren willfähriges Werkzeug dar. Indem er bei durch Republikaner an nationalistischen Gefangenen verübten Massakern mit zu hohen Zahlen operierte, von der eigenen Seite verantwortete Gräueltaten dagegen herunterspielte oder ganz verschwieg, diffamierte er die republikanischen Anführer als Massenmörder. Dadurch, dass er sich derart offensichtliche Verzerrungen leistete, unterminierte er allerdings die Plausibilität seiner eigenen Darstellung und provozierte noch extremere, polemische Gegenphantasien der anderen Seite, in denen (beispielsweise) Franco gleich zu Beginn des Konflikts elendig zugrunde geht, indem er in menschlichen Exkrementen ertrinkt. Die vom Bürgerkrieg und der auf ihn folgenden jahrzehntelangen autoritären Herrschaft entfesselten Leidenschaften fanden in Spanien nach Francos Tod Ausdruck in kontrafaktischen Szenarien, in denen die Schlachten des Krieges noch einmal geschlagen wurden, erbitterter denn je.[28]

Derart tiefe politische Gräben und Krisen brachten bisweilen kontrafaktische Szenarien hervor, aus denen eine gewisse Verzweiflung spricht. 1972, zur Zeit der politischen Verwerfungen infolge des Vietnamkrieges, stellte sich die amerikanische Historikerin Barbara Tuchman vor, Mao Tse-tung und Zhou Enlai hätten sich im Januar 1945 mit einem Brief an Präsident Franklin D. Roosevelt gewandt und angeboten, ins Weiße Haus zu kommen, um über den Krieg in China zu sprechen, insbesondere über den Konflikt zwischen ihren kommunistischen Streitkräften und denen der von den Amerikanern unterstützten Nationalisten um Chiang Kai-shek. Tuchman gab in der Zeitschrift *Foreign*

Affairs den Wortlaut des bis zu jenem Zeitpunkt angeblich unter Verschluss gehaltenen Briefes wieder, und spekulierte anschließend in einem Aufsatz, was wohl geschehen wäre, wenn Roosevelt das Angebot angenommen hätte: Die Amerikaner hätten sich vielleicht davon abbringen lassen, die Nationalisten zu unterstützen, Mao hätte sich möglicherweise überzeugen lassen, die USA nicht als Feind zu betrachten, »der Koreakrieg mit all seinen schrecklichen Folgen wäre uns womöglich erspart geblieben. [...] Vielleicht hätten wir dann nie in Vietnam eingegriffen.«[29] Doch durch das obstruktive Verhalten des amerikanischen Botschafters in China, so Tuchmans Hypothese, wurde diese Chance verspielt. Wie realistisch ein solches Szenario war, blieb am Ende zweifelhaft, schon allein deshalb, weil die feindselige Haltung gegenüber dem Kommunismus in den USA zum fraglichen Zeitpunkt bereits so stark ausgeprägt war, dass ein Bündnis mit Mao gegen Chiang Kai-shek extrem unwahrscheinlich gewesen wäre.

In Großbritannien lagen die Dinge anders. Die nicht sonderlich ernst gemeinte Sammlung von Squire blieb lange ohne Nachahmung. Zweifellos waren es die von ihm veröffentlichten Essays, an die E. H. Carr dachte, als er derartige Spekulationen als eitlen Zeitvertreib abtat.[30] Einen Versuch, diese Einschätzung Lügen zu strafen, unternahm 1979 der Populärhistoriker, Autor und BBC-Moderator Daniel Snowman, der auf eine lange Liste eigener solider historischer Publikationen zurückblicken konnte. Der Zeitpunkt der Veröffentlichung legt die Vermutung nahe, dass das Buch politisch im Klima der Unsicherheit und Introspektion wurzelte, das in den 1970er Jahren im Zuge der heftigen Debatte um den »Niedergang Großbritanniens« herrschte. Genau wie Margaret Thatcher behauptete, sie könne es besser als die in Großbritannien herrschenden Eliten, lud Snowman Historiker ein zu erläutern, was sie besser machen hätten können als historische Akteure. In der Einleitung zu seinem Sammelband »Wenn ich … gewesen wäre« beklagte Snowman, in historischen Spekulationen im Stile Squires gebe es keine Regeln, welcher Grad von Unwahrscheinlichkeit gerade noch zulässig sei. Je nach Gusto des Verfassers könnten die Ergebnisse deshalb extrem unrealistisch ausfallen.[31]

Daher gewann Snowman zehn kompetente Historiker und versuchte, die bei einigen Beiträgen zu Squires Sammelband so offensichtliche Willkür einzuschränken, indem er die Autoren bat,

> eine völlig authentische historische Ausgangslage zu beschreiben und die Bedingungen, denen sich die Persönlichkeit im Mittelpunkt ihres Aufsatzes gegenübersah, möglichst genau nachzubilden. Sie sollten ohne *Deus ex machina* auskommen, ohne frei erfundenes Attentat, ohne melodramatische Intervention einer Schicksalsgöttin, die der Phantasie Flügel verleiht. Desweiteren waren die Autoren gehalten, sich auf einen authentischen Augenblick in der Vergangenheit und auf die in dieser Situation anstehende Entscheidung zu konzentrieren; Spekulationen über das, was passieren oder nicht passieren hätte können, sollten zweitrangig sein. Die Spekulationen in diesem Buch finden daher innerhalb eines von historischen Fakten eindeutig vorgegebenen Rahmens statt. Die einzige Veränderung besteht in der Annahme, die Hauptfigur des jeweiligen Aufsatzes habe sich für ein etwas anderes, aber vollkommen plausibles Vorgehen entschieden als in der Realität.[32]

Snowman zieht hier wichtige Grenzen, die den Spielraum für Spekulation wirksam einschränken. Außerdem hatte er alle Autoren (auch in diesem Fall ausschließlich Männer) gebeten, ihren Beitrag mit einigen Überlegungen zu seinen Implikationen abzuschließen. Die Sammlung ist dadurch so einheitlich wie kaum eine andere.

Doch auch sie hat ihre Probleme. Das erste besteht, wie der Herausgeber selbst einräumt, in der Auswahl »bedeutender Persönlichkeiten« (schon wieder ausnahmslos Männer). Damit bekennt sich Snowman zu der diskreditierten Vorstellung, Geschichte werde in erster Linie von »großen Männern« gemacht, wohingegen die meisten Historiker zusätzlich oder sogar anstelle des Einflusses des Einzelnen die Rolle personenunabhängiger Faktoren hervorheben würden. Selbstverständlich, schränkt Snowman ein, würde »nur ein Dummkopf oder ein unverbesserlicher Romantiker die Grundzüge der historischen Entwicklung fast ausschließlich auf einige wenige Persönlichkeiten zurückführen«. Und doch geht er dieses Problem am Ende nicht offensiv an, sondern stiehlt sich mit dem Hinweis aus der Affäre, es ginge in den Aufsätzen des Sammelbandes nicht darum, »im Streit um die Rolle, die ›bedeutende‹ Persönlichkeiten für den Gang der Geschichte spielen, für die eine oder andere Seite Partei zu ergreifen, sondern Datenmaterial für eine sicherlich noch lange nicht abgeschlossene Debatte zu liefern«.[33] Interessanter ist vermutlich, dass Snowman die Frage des Determinismus und des freien Willens anschneidet. Die Gegenwart sei (oder erscheine zumindest) offen, und vor uns liege eine Vielzahl von Handlungsmöglichkeiten; erst im Rückblick identifizierten wir allmählich die tieferliegenden Gründe dafür, dass wir uns so und nicht anders entschieden hätten.[34] Doch auch diese Frage bleibt letztlich unbeantwortet – und nachdem die Bedingungen, unter denen die Autoren sich die Folgen einer anderen Entscheidung vorstellen sollen, so peinlich genau vorgegeben sind, kann es wahrscheinlich auch gar nicht anders sein.

Noch schwerer wiegt, wie Niall Ferguson herausgearbeitet hat, dass die gesamte Sammlung Snowmans in die Falle des Wunschdenkens tappt.[35] Auf die Frage, wie er sich an Stelle einer herausragenden historischen Persönlichkeit verhalten hätte, wird kein Historiker antworten, er hätte es in punkto Scharfsinn, Intelligenz oder Kühnheit nie mit diesem Menschen aufnehmen können. Der Sinn der Übung besteht ja gerade darin, es besser zu machen: Der Historiker wird es vermeiden, die Fehler seines Avatars zu wiederholen, und Erfolg haben, wo dieser scheiterte. Und so vereitelt Roger Thompson als Earl of Shelburne die amerikanische Unabhängigkeit, Esmond Wright verhindert als Benjamin Franklin, dass die Unzufriedenheit im Amerika jener Tage sich in einer Revolution Bahn bricht, Peter Calvert rettet als Benito Juárez Maximilian I., den von den Franzosen installierten Kaiser von Mexiko, und beschert dem gebeutelten Land viele Jahrzehnte Frieden, Maurice Pearton wendet als Adolphe Thiers den Deutsch-Französischen Krieg von 1870/71, Owen Dudley Edwards löst als William Gladstone die irische Frage, Harold Shukman verhindert als Alexander Kerenski, der Liberaldemokrat an der Spitze der Übergangsregierung in den Monaten nach der Februarrevolution 1917, dass die Bolschewiken an die Macht kommen, Louis Allen nimmt als japanischer General Hideki Tojo davon Abstand, Pearl Harbor zu bombardieren, Roger Morgan sorgt als Konrad Adenauer in Folge der Stalin-Note von 1952 für die Wiedervereinigung Deutschlands, Philip Windsor wendet als Alexander Dubček die Invasion der Tschechoslowakei durch den Warschauer Pakts ab (die in Wirklichkeit 1968 zum Sturz seines liberal-kommunistischen Regimes führte), und Harold Blakemore bewahrt seine sozialistische Regierung in Chile 1972/73 vor einem Militärputsch.

Die Historiker in Snowmans Sammelband tun genau das, was Historiker niemals tun sollten: Sie erteilen Menschen in vergangenen Zeiten eine Lektion, wie sie es besser machen hätten können. Glauben wir ernsthaft, wir hätten die von ihnen gemachten Fehler vermeiden können? Es ist ein Leichtes, dieser Versuchung zu erliegen, aber wir sollten ihr widerstehen. Ian Kershaw schreibt in seiner Studie zur Haltung durchschnittlicher Deutscher zur Nazi-Diktatur: »Gerne möchte ich glauben, dass ich, hätte ich damals gelebt, ein überzeugter Gegner der Nazis gewesen wäre und mich in der Widerstandsbewegung engagiert hätte. Tatsächlich aber weiß ich, dass ich genauso verwirrt gewesen und mich genauso hilflos gefühlt hätte wie die meisten, über die ich hier schreibe.«[36] Dass wir es besser hätten machen können als die Menschen in der Vergangenheit, können wir uns nur ausmalen, weil wir den Luxus genießen, zurückzublicken, und weil wir – und das ist das Entscheidende – Andere sind: wir haben andere Vorstellungen, gehen von anderen Annahmen aus und treffen unsere Entscheidungen anders. Snowman war sich dieses Problems natürlich bewusst, und deshalb bestand er darauf, dass das Verhalten der historischen Persönlichkeiten, in die die Autoren sich hineinversetzten, mit dem konsistent sein müsse, was uns aus den Quellen über sie bekannt ist. In die Haut eines historischen Akteurs zu schlüpfen, der seit langem tot ist, wird dadurch jedoch, wie Snowman selbst eingesteht, nicht weniger problematisch.[37] Was diese Historiker tun, läuft in der Praxis darauf hinaus, ihren Avataren eine Persönlichkeitsveränderung zu wünschen: Kerenski wird entschlussfreudiger, als er tatsächlich war, Stalins Angebot einer deutschen Wiedervereinigung von 1952 wird ernsthafter, als es tatsächlich gemeint war, Allende wird weniger konfus und durcheinander als in Wirklichkeit, Tojo weniger aggressiv, Maximilian weniger hilflos, Thiers gewinnt an Weitblick. Damit der Taschenspielertrick gelingt, können die einzelnen Autoren sich gar nicht an die Anweisung Snowmans halten, die Persönlichkeit der Individuen zu respektieren, in deren Rolle sie schlüpfen.

Wichtiger als alle diese Einwände ist im Kontext der Auseinandersetzung mit alternativen Szenarien jedoch die Tatsache, dass die Autoren (mit wenigen Ausnahmen) wenig oder nichts über die Folgen schreiben, die mit den von ihnen diskutierten alternativen Entscheidungen verbunden sind. Wenn sie es doch tun, so handelt es sich um kurzgehaltene Spekulationen, die über einige vorsichtige Andeutungen kaum hinausgehen. Nach Shelburnes Vereitelung der amerikanischen Unabhängigkeit wird Amerika 200 Jahre später von Königin Elisabeth II. regiert, und vom Sieg Kaiser Maximilians von Mexiko heißt es, er hätte langfristig wahrscheinlich keinen großen Unterschied gemacht, da mit weiteren Staatsstreichen und Diktaturen zu rechnen gewesen wäre. Immerhin hält der Autor es für möglich, dass in Mexiko 1911 keine Revolution stattgefunden hätte und die USA in der Folge nie in den Ersten Weltkrieg eingegriffen hätten, während ein anderer glaubt, dass es ohne den Krieg von 1870/71 nie zum Ersten Weltkrieg gekommen wäre. Die Jahre dazwischen jedoch fallen unter den Tisch, und dadurch bleiben alle Ereignisse und Entwicklungen, die sich dazwischen ergeben haben könnten, unberücksichtigt. Letztlich sind solche längerfristigen Überlegungen für die

Autoren von sekundärem Interesse und ihrer eigentlichen Aufgabe untergeordnet: sich in den ihnen zugewiesenen Akteur hineinzuversetzen, seine Entscheidungen zu analysieren und den unmittelbaren historischen Kontext zu erforschen.[38] Im Übrigen legen diese Spekulationen den einzelnen Politikern eine enorme imaginäre Macht in die Hände und verschaffen ihnen im Rückblick die Möglichkeit, den gewaltigen historischen Kräften zu trotzen, denen sie sich gegenübersahen.

Ganz anders der Versuch, kontrafaktische Szenarien zu rechtfertigen, den der deutsche Althistoriker und Romspezialist Alexander Demandt 1984 vorlegte. In seinem kurzen Traktat *Ungeschehene Geschichte* argumentierte er, »Hinweise auf mögliche Alternativentwicklungen« böten »Entscheidungen, die leicht anders ausfallen hätten können«.[39] Das Problem an dieser eher banalen Aussage war, dass derartige Hinweise nicht wirklich notwendig waren, um die fraglichen Entscheidungen zum Vorschein zu bringen. Die fünfzehn Beispiele Demandts umfassen uns bestens bekannte Themen wie die Niederlage Karl Martells 732 (mit der Folge einer Friedenszeit in Europa und einer Beschleunigung des wissenschaftlichen Fortschritts), den Sieg der Spanischen Armada 1588 (woraufhin England katholisch und durch die Entlassung des Herzogs von Alba durch Philip II. und die Verkündigung religiöser Toleranz möglicherweise liberal geworden wäre), und das Überleben des Erzherzogs Franz Ferdinand 1914 (so dass der Erste und Zweite Weltkrieg nicht stattgefunden hätten). Demandts Hang zum Wunschdenken war also ebenso stark ausgeprägt wie bei anderen Anhängern kontrafaktischer Spekulation. Dennoch formulierte er mit Grundsätzen wie »Realitätsferne Alternativen sind unwahrscheinlich«, »Die Ereignisse sind unterschiedlich determiniert« oder »Unwahrscheinliche Ereignisse stehen vereinzelt« eine Reihe von Schlüsselaussagen, die alle, die sich mit diesem Genre befassten, fortan beschäftigen sollten. Anders ausgedrückt warf er die Frage auf, inwiefern und wie sich die kontrafaktische Phantasie ein wenig einschränken oder begrenzen lässt. »Die historische Phantasie«, so Demandt zutreffend, »bedarf der empirischen Plausibilitätskontrolle. Das Maß für das Irreale ist das Reale.«[40]

Der Traktat Demandts brachte einen Hauch deutscher Ernsthaftigkeit in die Debatte. Doch schon bald brach sich die angloamerikanische Leichtigkeit wieder Bahn, in Form eines dünnen Bandes mit 21 Aufsätzen unterschiedlicher Autoren, der 1985 von John Merriman herausgegeben wurde, einem in Yale lehrenden Spezialisten für französische Geschichte. Der Titel lautete *For Want of a Horse: Choice and Chance in History* (»Mangels eines Pferdes: Entscheidungen und Zufälle in der Geschichte«, eine Anspielung auf die Passage am Ende von Shakespeares *Richard III.*, in der der König getötet wird, weil er kein Pferd auftreiben kann, mit dem er fliehen könnte. Der Vorfall markiert den Aufstieg der neuen Dynastie der Tudor und das Ende des Mittelalters in England). Die Sammlung, auf dem Umschlag als »witzige Spekulationen« angepriesen, beinhaltete kurze Abhandlungen zu einer Vielzahl von Themen, wie die Bedeutung der Taube in Frankreich, die von Borschtsch in Russland, oder, allgemeiner, die des Pechs (wie bei den Stuarts, die davon tatsächlich mehr als genug hatten), oder die von Zufällen (wie im Fall des Erzherzogs Franz Ferdinand, der 1914 in Sarajewo einem Attentat zum Opfer fiel, weil sein Auto in die falsche Straße abgebogen war). Tatsächlich sind nur fünf Essays spekulativ im engeren Sinne, insofern als sie nicht nur die Ereignisse nacherzählen und die Rolle des Zufalls für ihren Ausgang betonen, sondern in erster Linie denkbare alternative Entwicklungen ausloten.

Das Buch enthält unterhaltsame Essays darüber, was wohl geschehen wäre, wenn Fidel Castro, der in seiner Jugend ein talentierter Baseballspieler war, einen Vertrag von den New York Giants angeboten bekommen und angenommen hätte (keine Revolution in Kuba), oder wenn Voltaire sich in Pennsylvania niedergelassen hätte (er hätte die amerikanische Revolution mit Ideen versorgt), oder wenn das Indianermädchen Pocahontas den Pionier John Smith nicht gerettet hätte (Virginia wäre dem Untergang geweiht gewesen, und somit hätte es keine amerikanische Revolution und keinen Bürgerkrieg gegeben), oder wenn die Konföderierten den Bürgerkrieg gewonnen hätten (den Nordstaaten wären »südliche Gepflogenheiten« aufgezwungen worden), oder wenn James II. 1688 triumphiert hätte (England wäre wieder katholisch geworden), oder wenn Gouverneur Thomas Hutchinson die Boston Tea Party vereitelt hätte (die USA wären ein »zweites Kanada« geworden). Der Zweck des Büchleins geht dem Herausgeber zufolge jedoch kaum darüber hinaus, wieder mehr »Verspieltheit und gute Laune« in die Geschichtsschreibung zu bringen.[41] Der Spaß ergibt sich unter anderem aus der Ableitung weitreichender Folgen aus unbedeutenden Ereignissen. Einmal mehr werden einzelnen Akteuren in vielen Fällen geradezu übermenschliche Kräfte zugeschrieben: Glauben wir ernsthaft, dass James II. von England die Macht hatte, die Protestanten in England, mithin den Großteil der Bevölkerung, zu Katholiken zu bekehren? Und auch Persönlichkeitsveränderungen werden vorausgesetzt. Glauben wir wirklich, dass Fidel Castro seinen politischen Zielen abgeschworen hätte, wenn er Baseballprofi geworden wäre?[42]

Oberflächlichkeit und Beliebigkeit sind zwei der wichtigsten Gründe, weshalb alternative Geschichtsdarstellungen von Historikern lange Zeit nicht ernst genommen worden sind (nicht einmal von denen, die sie vorgelegt haben). Historiker haben es schon immer als ihre Hauptaufgabe betrachtet herauszufinden, was geschehen ist, nicht Mutmaßungen darüber anzustellen, was hätte passieren können. Und während Ersteres eine unterschiedlich große Herausforderung darstellt, erscheint Letzteres nachgerade unmöglich, da Geschichtsschreibung ganz entscheidend auf den Regeln der Quellenkritik beruht – und im Fall von Letzterem gibt es wenig bis keine Quellen, auf die sich diese Regeln anwenden ließen. Historiker stehen Mutmaßungen traditionell skeptisch gegenüber, daher haben sie auf »Was wäre gewesen, wenn«-Szenarien meist ablehnend oder gleichgültig reagiert. Der Geschichtsphilosoph Aviezer Tucker fragte voller Skepsis: »Wozu sind kontrafaktische Geschichtsdarstellungen jenseits einer unterhaltsamen Erprobung unserer Vorstellungskraft gut?« Implizit setzen Historiker kontrafaktische Szenarien ein, räumt Tucker ein, wenn sie eine Ursache als *notwendig* einstufen, implizieren sie damit doch, dass sich die Dinge ohne diese Ursache anders entwickelt hätten. Normalerweise jedoch, stellt Tucker ganz richtig fest, seien Historiker weniger kühn; selbst wenn sie von einer notwendigen Ursache sprächen, anstatt von einer möglichen oder Mitursache, spekulierten sie fast nie über alternative Entwicklungen, die sich ohne diese Ursache ergeben haben könnten.[43]

Im Übrigen lauert gewissermaßen in der Frage »Was wäre gewesen, wenn?« die stete Gefahr, sie könnte Historiker arbeitslos machen, indem sie alles für vom Zufall abhängig erklärt. Tatsächlich scheint es einigen Vertretern des Genres große Freude zu bereiten, im Stil von Pascals Überlegungen, was wohl geschehen wäre, wenn Kleopatra eine kleinere Nase gehabt hätte, kleine Ursachen für große Ereignisse in den Vordergrund zu stellen. Ein gutes Beispiel für diesen Ansatz ist A. J. P. Taylor, sowohl im Hinblick auf seine Erklärung für den Ausbruch des Ersten Weltkriegs in *War by Timetable. How the First World War began* (London 1969) als auch in seiner Autobiographie *A Personal History* (London 1983). Wäre jedoch alles die Folge von Zufällen, so wäre es unmöglich, die Vergangenheit zu erklären; nicht zufällig wählte Taylor selbst in seinem 1946 veröffentlichten Buch *The Course of German History* einen dezidiert deterministischen Ansatz, um die Ursachen des Nationalsozialismus zu erklären. Kein Historiker hat mehr Spott geerntet als H. A. L. Fisher, der in seiner Anfang der 1930er Jahre verfassten *Geschichte Europas* zu der verzweifelten Schlussfolgerung kam, für den Geschichtsschreiber gebe es »nur eine einzige feste Regel: Er soll in der Entwicklung der menschlichen Geschicke das Wirken des Zufalls und des nicht Vorherzusehenden erkennen« und »keine Verallgemeinerungen zulassen«.[44] Die große Mehrzahl der Historiker hat Fishers Ansichten zurückgewiesen, weil sie Verallgemeinerungen und die Suche nach Erklärungen in aller Regel als ihre wichtigste Aufgabe betrachten. Ein Historiker, der keine Erklärungen liefert, begibt sich auf die Stufe eines reinen Chronisten.

Andererseits ist die »Was wäre gewesen, wenn«-Frage, wie wir gesehen haben, durchaus häufig auf einzelne Personen angewendet worden, etwa in Form von Spekulationen, welchen Unterschied es gemacht hätte, wenn Hitler früher oder Stalin später gestorben wäre. Selbst E. H. Carr hat in seinen letzten Lebensjahren eingeräumt, dass Sowjetrussland die schlimmsten Verheerungen durch Stalins Große Säuberung möglicherweise erspart geblieben wären, wenn Lenin die 1940er Jahre erlebt hätte – was bis zu dessen schwerer Verletzung bei einem Attentatsversuch während des Russischen Bürgerkriegs nicht unwahrscheinlich erschien. Diese Annahme – ein weiteres Beispiel für eine große Wirkung, die angeblich auf eine kleine Ursache zurückgeht – zeugt von einem naiven Glauben an die Geschichtsmächtigkeit von bedeutenden, oder besser: einflussreichen Männern, der Carr in seinen jüngeren Jahren ein Gräuel gewesen wäre. Schließlich trugen Carrs über Lenin angestellte Vermutungen im Grunde eben jene Züge von Wunschdenken, die er in *Was ist Geschichte?* so scharf kritisiert hatte. Im Falle Carrs offenbaren sie den möglicherweise überraschenden Willen, den historischen Ruf und die Legitimität der russischen Revolution zu retten, indem Carr insinuiert, diese sei von Stalin pervertiert worden, und damit die Gewalttaten, Massenmorde und bewusst in Kauf genommenen Hungersnöte in der Sowjetunion der 1930er Jahre nicht dem Sowjetsystem an sich, sondern einem Einzelnen in die Schuhe schiebt.[45] Indem er die Bedeutung von Individuen wie Lenin und Stalin hervorhob, stellte er sich gegen die in der zweiten Hälfte des 20. Jahrhunderts zu beobachtende Abkehr von der Fokussierung auf »bedeutende Persönlichkeiten«, die sich mit dem Aufstieg der Sozial- und dann der Kulturgeschichte vollzog – ein weiterer Grund, weshalb die Frage »Was wäre geschehen, wenn?« lange vor Carrs Gesinnungswandel argwöhnisch beäugt wurde.

Aus diesen Gründen haben Historiker Spekulationen über das, was hätte geschehen können, in der Regel vermieden und sich zumeist darauf beschränkt, herauszufinden und zu erklären, was geschehen *ist*. Der große deutsche Historiker Friedrich Meinecke schrieb dazu: »Man scheut in der

Geschichtsschreibung gemeinhin davor zurück, es auszumalen, wie es hätte kommen können, wenn dies oder jenes Ereignis einen anderen Ausgang gehabt hätte, diese oder jene maßgebende Persönlichkeit im Spiel gefehlt hätte. Man nennt solche Betrachtungen müßig, und sie sind es auch.«[46] In den vergangenen Jahrzehnten jedoch zeichnete sich ein Wandel ab. Dieser Wandel kam aus zwei Richtungen. Erstens aus der quantitativen Wirtschaftsgeschichte beziehungsweise Ökonometrie, insbesondere vom Amerikaner Robert Fogel, der in seiner ersten Buchveröffentlichung von einer »kontrafaktischen« Annahme ausging, wie er es nannte: Um statistisch zu zeigen, welchen Anteil die Eisenbahn am wirtschaftlichen Aufstieg Amerikas hatte, erarbeitete er ein statistisches Modell, das von der kontrafaktischen Hypothese ausging, in Amerika wären nie Schienen verlegt worden. Das war kein Versuch, sich ein Amerika ohne Eisenbahnen vorzustellen, in Nostalgie über die Zeit zu schwelgen, bevor das Feuerross den amerikanischen Westen erreichte, oder zu behaupten, dass eine gewisse Wahrscheinlichkeit bestanden hätte (und sei sie noch so gering), dass die Eisenbahn nicht ausgebaut worden wäre. Vielmehr handelte es sich um eine rein statistische Übung, die ganz und gar nichts damit zu tun hatte, was hätte gewesen sein können. Es ging um ein »kontrafaktisches« Szenario im wahrsten Sinne des Wortes: Fogel bediente sich einer nicht eingetretenen Entwicklung, um die Folgen dessen, was tatsächlich geschah, besser erklären zu können. Der Reiz seines Ansatzes lag gerade darin, wie unvorstellbar es war, dass dieses kontrafaktische Szenario jemals Realität hätte werden können.[47]

Fogels Analyse war eine rein statistische. Die Eisenbahn erschien (beziehungsweise verschwand) als ein Faktor in einer Reihe von Gleichungen, die unabhängig davon, ob die Eisenbahn berücksichtigt wurde oder nicht, mehr oder weniger dasselbe Ergebnis lieferten. Er zeigte mit anderen Worten, dass die Eisenbahn für die wirtschaftliche Entwicklung in Amerika keine allzu große Rolle gespielt hatte. Ähnliche ökonometrische Methoden wurden auch auf andere Bereiche der Wirtschaftsgeschichte angewandt. Allerdings wurde ihnen entgegengehalten, sie billigten mit ihren ausgefeilten Berechnungen den wenig fundierten Statistiken aus dem 19. Jahrhundert ein Gewicht zu, das diesen nicht zukomme, und machten eine Reihe von unbewiesenen und möglicherweise unbeweisbaren Annahmen darüber, inwiefern ein Zusammenhang zwischen dem Eisenbahnbau und anderen Wirtschaftsbereichen bestand – Annahmen, die am Ende nur das bewiesen, wovon ausgegangen wurde. Und schließlich haben die kontrafaktischen Szenarien der Ökonometriker unabhängig von ihren Verdiensten oder Schwächen nichts mit der Frage von Zufall und Kontingenz in der Geschichte zu tun, eher im Gegenteil.[48] Sie stellen eigentlich gar keine echte »Was wäre gewesen, wenn«-Frage, weil sie keine realistische Alternative zum Geschehenen ausloten.

Bis in die 1990er Jahre hinein verharrten periodisch erscheinende historische Spekulationen darüber, was gewesen wäre, wenn, also im Wesentlichen auf der Ebene der Unterhaltung und wollten nicht sonderlich ernst genommen werden. Dann kam es jedoch aus einer zweiten Richtung zu einem Wandel. Eine ganze Serie neuer Sammelbände wurde veröffentlicht, und seither ist der Strom der Neuerscheinungen nicht versiegt. Die 1997 erschienene, von Niall Ferguson herausgegebene Sammlung *Virtuelle Geschichte. Historische Alternativen im 20. Jahrhundert* war Ausdruck und Katalysator des neuerlichen Interesses an diesem Genre zugleich. Sie erschien fast zeitgleich mit der von Dennis E. Showalter und Harold C. Deutsch herausgegebenen umfangreichen Sammlung von Essays amerikanischer Historiker *If the Allies Had Fallen. Sixty Alternate Scenarios of World War II* (New York 1997). 1998 folgte ein Sonderheft des *Military History Quarterly* zu diesem Thema, das ein Jahr später in Buchform mit dem Titel *What If? The World's Foremost Military Historians Imagine What Might Have Been* erschien.[49] Herausgeber war der amerikanische Militärhistoriker Robert Cowley, Gründer und Herausgeber des *Military History Quarterly*. Der Zusatz »the world's foremost« wurde bei späteren Auflagen weggelassen, was Cowley jedoch nicht davon abhielt, zwei weitere Sammelbände nachzuschieben: *More What If? Eminent Historians Imagine What Might Have Been* (New York 2001) und *What If? America: Eminent Historians Imagine What Might Have Been* (New York 2005). 2004 erschien von Andrew Roberts eine Sammlung mit dem Titel *What Might Have Been: Leading Historians on Twelve »What Ifs« of History* (London 2004). Zwei Jahre darauf veröffentlichte das Dreigespann Richard Ned Lebow, Geoffrey Parker und Philip Tetlock *Unmaking the West: »What-If?« Scenarios That Rewrite World History* (Ann Arbor 2006). Ende des 20. und Anfang des 21. Jahrhunderts kamen kontrafaktische Geschichtsdarstellungen auf beiden Seiten des Atlantiks unübersehbar in Mode.

Dabei ist es bis heute geblieben. 2006 erschien, herausgegeben von Duncan Brack, die Sammlung *President Gore ... and Other Things That Never Happened* (London 2006), ein Nachfolgeband des von Brack gemeinsam mit Iain Dale herausgegebenen Buches *Prime Minister Portillo ... and Other Things That Never Happened* (London 2004). 2011 folgte vom selben Duo der Sammelband *Prime Minister Boris ... and Other Things That Never Happened*, der das Genre der kontrafaktischen Geschichtsdarstellung hinter sich ließ und sich auf das noch riskantere Terrain der Zukunftsprognosen vorwagte. Der produktivste Autor des Genres, der griechisch-amerikanische Ex-Soldat Peter Tsouras, hat ein halbes Dutzend »alternative Geschichten« veröffentlicht, von *Disaster at D-Day: The Germans Defeat the Allies* (New York 1994) über Bücher zu Stalingrad, zum Kalten Krieg, zum Krieg an der Ostfront und zur Schlacht bei Gettysburg bis hin zu einer Aufsatzsammlung mit dem Titel *Third Reich Victorious: Alternate Decisions of World War II* (New York 2002). Der Populärhistoriker Dominic Sandbrook bereicherte das Genre 2010/11 um eine Serie von Artikeln im *New Statesman*, die sich mit ähnlichen Alternativen aus der britischen Geschichte befassten. Jeremy Black schrieb über das Thema *What If? Counterfactualism and the Problem of History* (London 2008) ein ganzes (wenn auch schmales) Buch. Das sind ganz sicher nicht alle Beiträge zu diesem Genre, und es werden zweifellos weitere folgen, vor allem in der angelsächsischen Welt.[50]

Wie lässt sich diese neue Vorliebe für kontrafaktische Geschichte erklären? Gavriel Rosenfeld führt sie in seinem lesenswerten Buch *The War Hitler Never Made* in erster Linie auf den Aufstieg und Niedergang der Ideologien zurück, die das westliche Denken im 19. und 20. Jahrhundert dominiert haben.[51] Als Faschismus, Kommunismus, Sozialismus, Marxismus und andere Lehren in der Versenkung verschwanden, verschwanden auch die Teleologien von der Bildfläche, der Ausgang der Geschichte war nunmehr offen, und es entstand Freiraum für Spekulationen über den Verlauf oder die Verläufe, die sie genommen haben könnte. Vielleicht gibt es hier eine Parallele zu der Art und Weise, wie das Ende des Providentialismus im 19. Jahrhundert Historiker wie D'Israeli, Geoffroy und Renouvier in die Lage versetzte, über historische Alternativen nachzudenken. Ende des 20. Jahrhunderts musste neben den verschiedenen Ideologien auch die Idee des Fortschritts einen schweren Schlag einstecken, und die Zukunft erschien plötzlich bar aller Gewissheiten oder auch nur Wahrscheinlichkeiten. In dem Maße, in dem Gefahren wie Klimawandel, Terrorismus, Pandemien, religiöser Fundamentalismus und viele andere ein weitverbreitetes Gefühl der Desorientierung und Sorge auslösten, trat an die Stelle des Optimismus der sechziger Jahre eine neue Unsicherheit. Die wachsenden Zweifel an der Vorhersagbarkeit der Zukunft ermutigten zu Spekulationen, welchen Verlauf die Geschichte in der Vergangenheit genommen haben könnte, denn auch diese erschien nun offen. Gleichzeitig wandten sich die Leser und Kinobesucher dem Fantasy-Genre zu, das die durch den Niedergang der großen Ideologien entstandene Lücke füllte.

Begleitet wurde dieser kulturelle Wandel vom Aufstieg des Postmodernismus mit seiner Skepsis an der Möglichkeit echter historischer Erkenntnis, seiner Verwischung der Grenzen zwischen Vergangenheit und Gegenwart, Fakten und Fiktionen, und seinem Hinterfragen linearer Zeitvorstellungen. Indem der Postmodernismus das für die Historiker der siebziger Jahre so charakteristische wissenschaftliche Streben nach Objektivität unterminierte, stellte er den Glauben an die Subjektivität des Historikers wieder her. Im Zuge der Ablösung der methodisch strengen Sozialgeschichte durch die einfühlende Kulturgeschichte, beklagte 2004 der britische Historiker Tristram Hunt, »wird uns in der postmodernen Welt der Kontingenz und Ironie eine Reihe von biographischen Diskursen angeboten, in der das eine Narrativ dieselbe Berechtigung hat wie das andere. Die eine Version der Geschichte ist ebenso gut wie die andere, und damit verschwimmen die Grenzen zwischen dem Faktischen, dem Kontrafaktischen und der Fiktion. Heutzutage sind alle geschichtlichen Darstellungen ›Was wäre gewesen, wenn‹-Geschichten.«[52] Hunt übertreibt um des Effekts willen, aber er hat nicht ganz Unrecht. Dank der digitalen Revolution können wir photographische Zeugnisse aus der Vergangenheit nach Belieben manipulieren und Filme erstellen, in denen das Meiste, was wir sehen, kein Abbild der Realität, sondern eine computergenerierte Illusion ist. Der Cyberspace hat uns eine alternative Realität eröffnet, in der die Menschen, die uns begegnen, nicht unbedingt die sind, als die sie erscheinen. Das Bild, das die meisten Menschen vom europäischen Mittelalter haben, ist heutzutage von phantastischen Darstellungen wie *Game of Thrones* oder *Herr der Ringe* geprägt. Im Fernsehen dient Geschichte als »Infotainment«: Doku-Dramen »nach einer wahren Geschichte« trifft man sehr viel häufiger an als weniger sehenswerte Versuche, Geschichte ohne fiktionales Beiwerk darzustellen.[53] Kriegsspiele und Computersimulationen ermöglichen es uns, vergangene Ereignisse und Szenarien nachzuspielen und andere Resultate herbeizuführen als in Wirklichkeit.

Natürlich lässt sich all das zum Teil dem Bereich »Unterhaltung« zuordnen, aber ebenso klar ist, dass hier neues Potential für eine ernsthaftere Weiterentwicklung kontrafaktischer Geschichtsdarstellung schlummert. Allzu oft gleiten entsprechende Versuche jedoch, wie wir gesehen haben, in bloßes Wunschdenken ab. Nicht umsonst stand für E. H. Carr fest, dass die Verfechter kontrafaktischer Szenarien überwiegend damit beschäftigt seien, »alte Rechnungen zu begleichen, sich in Phantasiewelten zu flüchten, […] und vor allem, die kontrafaktischen Emotionen par exellence hervorzukitzeln: Bedauern (über bessere Welten, die beinahe Wirklichkeit geworden wären) und Erleichterung (über schlimmere Schicksale, denen wir mit knapper Not entgangen sind).« Es wäre ein Leichtes, dies ob seines Bedauerns über Lenins Tod Carr selbst zum Vorwurf zu machen.[54] Seiner Ansicht nach gehörte der Planwirtschaft im sowjetischen Stil nach wie vor die Zukunft, und Stalin hatte den Prozess ihrer Durchsetzung durch seine Verbrechen unnötig erschwert.

Kontrafaktische Darstellungen der Vergangenheit haben fast immer politische Implikationen für die Gegenwart. Diese können unterschiedlich ausfallen. Gavriel Rosenfeld war überzeugt, dass »phantastische Szenarien [...] in der Regel liberaler Natur sind. Indem sie das Bild einer alternativen, besseren Vergangenheit entwerfen, stellen sie die Gegenwart als defizitär dar, und unterstützen damit indirekt Bemühungen, sie zu verändern.«[55] Doch wie sich in den Vereinigten Staaten während der Präsidentschaft von Bill Clinton oder im Vereinigten Königreich unter Premierminister Tony Blair gezeigt hat, sind es zu Zeiten der Vorherrschaft des Liberalismus, des Sozialismus oder einer anderen nichtkonservativen politischen Doktrin, Regierung oder Konstellation die Konservativen, die auf Veränderungen drängen, wie wir nun sehen werden.

KAPITEL 2
VIRTUELLE GESCHICHTE

Seit 1990 ist ein Vielfaches mehr an Büchern und Aufsätzen über »kontrafaktische Geschichte« erschienen, wie deren Vertreter sie seit dem 1997 von Niall Ferguson herausgegebenen Sammelband *Virtuelle Geschichte* nennen, als in der gesamten realen Geschichte davor. Die Liste der kontrafaktischen Geschichtsdarstellungen ist mittlerweile so lang geworden, dass man sie als eigenes Genre betrachten und analysieren muss. Sie kommen längst nicht mehr als Gesellschaftsspiel oder intellektueller Zeitvertreib daher, sondern nehmen sich selbst außerordentlich wichtig. Die in den entsprechenden Sammelbänden zugrunde gelegte Definition des Kontrafaktischen unterscheidet sich deutlich von der, die Ökonometriker wie Fogel heranziehen. Die Autoren befassen sich nicht mit fiktiven statistischen Berechnungen, sondern legen ernsthafte Argumentationsketten über denkbare, angeblich realistische Alternativen zum tatsächlich Geschehenen vor.

Woher rührt ihre Überzeugung, ihr Vorgehen sei ernster zu nehmen als die von manchen ihrer Vorläufer gespielten Gesellschaftsspiele oder das von anderen gepflegte Wunschdenken? Ihre Antwort lautet, es sei ihr erklärtes Ziel, in der Geschichte, die allzu oft als Spiel anonymer Kräfte dargestellt werde, dem freien Willen, der Kontingenz und dem individuellen Akteur wieder zu ihrem Recht zu verhelfen. »Geschichte, in der es um bedeutende Persönlichkeiten oder Schlüsselereignisse geht«, beklagt Robert Cowley in der Einleitung zu seinem Buch *More What If?*, »ist außer Mode gekommen. Alles dreht sich heute um allgemeine Trends, um jene großen Wellen, die anschwellen, gebrochen werden und wieder zurückgehen. Dadurch entsteht der Eindruck, dass die Geschichte einer zwangsläufigen Entwicklung folge, dass das, was geschehen ist, keinen anderen Ausgang nehmen habe können und dass generell für Dramatik und Zufall im menschlichen Leben kein Platz sei.«[1] Der Zweck kontrafaktischer Szenarien, schlägt Jeremy Black in die gleiche Kerbe, liege darin, den »kontingenten, offenen Charakter historischen Wandels« zu betonen »und jeglichem Eindruck vorzubeugen, die tatsächliche historische Entwicklung sei unvermeidbar gewesen«.[2] »Liberale, Marxisten, Deterministen und alle, die glauben, das Leben des Menschen sei vom Schicksal, der Vorsehung oder dergleichen vorherbestimmt«, schreibt Andrew Roberts zur Rechtfertigung kontrafaktischer Geschichtsschreibung, »ärgert dieser Ansatz natürlich mächtig.«[3] Sowohl Black als auch Roberts beschwören Historiker, sich von der »Tyrannei des Rückblicks« freizumachen und zu versuchen, die Vergangenheit so zu betrachten, wie die Zeitgenossen sie gesehen haben: voller offener, nicht festgelegter zukünftiger Möglichkeiten. »Indem sie sich auf kontrafaktische Gedankenexperimente einlassen«, so Benjamin Wurgaft in einem jüngst erschienenen Artikel, »könnten Historiker die Geschichte der Schlüsseltexte und -debatten der Geistesgeschichte wieder mit einem Bewusstsein für ihre völlige Kontingenz erzählen.«[4]

Ganz ähnlich argumentieren Geoffrey Parker und Philip Tetlock, wenn sie im von ihnen herausgegebenen Sammelband *Unmaking the West* die unter Historikern vorherrschende Haltung eines »retrospektiven Determinismus« anprangern und verkünden, die »Erschütterung des selbstgefälligen Rückblicks« sei die beste Möglichkeit, »uns vor Augen zu führen, wie ungewiss alles erschien, bevor wir alle vom Wissen um das Endergebnis verdorben wurden«.[5] Simon Kaye hat in einem kürzlich veröffentlichten Artikel zum Nutzen kontrafaktischer Szenarien verkündet, deren Hauptzweck liege darin, »der beklagenswerten zeitgenössischen Haltung vermeintlicher deterministischer Gewissheit« entgegenzuwirken, indem sie die »Bedeutung des menschlichen Handelns« für die Geschichte betonten.[6] Nichts von alledem war sonderlich neu; Aufsätze dieses Genres hatten schon immer die Rolle von Zufall und Kontingenz in der Geschichte betont. »Bei ihren Bemühungen, den Fluss der Ereignisse auf der Welt zu erklären, haben Historiker den Zufall nicht immer gebührend berücksichtigt«, stellte John Merriman 1982 fest. »Ein Bewusstsein für den Einfluss des Zufalls«, so Merriman, »bewahrt den professionellen Historiker vor der selbstverliebten Versuchung, alles erklären zu wollen.«[7] Neu an der kontrafaktischen Geschichtsschreibung der 1990er Jahre und zu Beginn des 21. Jahrhunderts war die Häufigkeit und Vehemenz, mit der die Autoren ihren Glauben an den Zufall betonten.

Die meisten kontrafaktischen Szenarien dieser Art wurden, wie nicht anders zu erwarten, von politisch und methodisch konservativen Historikern verfasst. Zu einem gewissen Grad bilden diese sogar eine Gruppe: So hat John Adamson Beiträge zu den Sammelbänden von Ferguson und Roberts verfasst, Roberts hat Artikel für das Buch Fergusons und für *More What If?* von Cowley geschrieben, aus der Feder Geoffrey Parkers stammen neben seinem eigenen Buch

Beiträge zu Cowleys *What If* und *More What If?*, während Cowley wiederum einen Artikel zum Band von Roberts beigesteuert hat. Da in kontrafaktischen Szenarien »Akteure« im Mittelpunkt stünden, beziehungsweise »das Handeln einer in der Regel kleinen Zahl von Individuen«, schreibt Jeremy Black, sei sie eindeutig eher nach dem Geschmack von rechten Historikern, da diese sich die Konzepte »Individualismus« und »freier Wille« sehr viel häufiger zu eigen machten als linke Historiker.[8] Tatsächlich gibt es, wenn überhaupt, kaum kontrafaktische Szenarien, die aus einer linken Perspektive verfasst sind. Ungeachtet aller Strudel und Gegenströmungen ist die Linke traditionell davon überzeugt, dass der Strom der Geschichte langfristig in eine für sie günstige Richtung fließe. Warum sollten linke Historiker dem nachtrauern, was in der Vergangenheit nicht geschehen ist, wenn ihnen ohnehin die Zukunft gehört? Eine der wenigen Ausnahmen von dieser Grundregel sind die Spekulationen von E. H. Carr, was wohl geschehen wäre, wenn Lenin ein hohes Alter erreicht hätte. Eine weitere sind sozialistische Spekulationen, dass Hitler 1933 nicht an die Macht gekommen wäre, wenn die Linke sich geschlossen gegen ihn gestellt hätte; eine dritte die Überlegungen G. M. Trevelyans, was passiert wäre, wenn Napoleon siegreich aus der Schlacht bei Waterloo hervorgegangen wäre. Aber im Allgemeinen sind derartige Spekulationen auf Seiten der Linken höchst selten anzutreffen. Außerdem gibt es für den Mangel an linken kontrafaktischen Szenarien politische und methodische Gründe. Denn, wie Tristram Hunt dargelegt hat:

> Von »Was wäre gewesen, wenn«-Szenarien geht nicht nur eine schleichende Bedrohung für ein umfassenderes Verständnis der Vergangenheit aus, sondern auch

> für die Politik in der Gegenwart. Dass Progressive wenig für sie übrig haben, ist nicht weiter überraschend, implizieren solche Gedankenspiele doch, dass Gesellschaftsstrukturen und ökonomische Bedingungen keine große Rolle spielen. Der Mensch, so sagt man uns, sei ein von historischen Zwängen fast vollständig unabhängiges Wesen, das seine Entscheidungen aus freien Stücken treffen könne. Andrew Roberts zufolge sollten wir uns klar machen, dass »in menschlichen Angelegenheiten alles möglich ist«. Das bedeutet erstens, dass es aus den Möglichkeiten der Geschichte wenig zu lernen gibt, und zweitens, dass kein Anlass besteht, Ungerechtigkeiten aus der Welt zu schaffen, da sie auf den Fortgang der Ereignisse kaum einen Einfluss haben. Ohne über Gebühr deterministisch erscheinen zu wollen: Es ist nicht schwer, die politischen Intentionen eines solchen reaktionären und historisch redundanten Zugangs zur Vergangenheit zu erraten.[9]

In der Praxis sind kontrafaktische Szenarien daher traditionell mehr oder weniger ein Monopol der Konservativen.

Die Anhänger kontrafaktischer Geschichtsdarstellungen betonen gerne, ihr Glaube an Kontingenz und Zufall sei die logische Folge ihres Einsatzes für die Rechte des Individuums. Aber das ist möglicherweise nur die halbe Wahrheit. E. H. Carr war der Auffassung, »daß in einer Gruppe oder Nation, die sich in einem Wellental und nicht auf der Höhe der geschichtlichen Ereignisse befindet, die Theorien vorherrschen, die die Rolle des Zufalls oder Unfalls in der Geschichte betonen«.[10] Dasselbe ließe sich erst recht von phantasievollen Gedankengebäuden sagen, die sich mit dem beschäftigen, was hätte gewesen sein können, besteht doch bei vielen von ihnen das Fundament aus Bedauern über das, was ist. Gut möglich, dass konservativ orientierte britische Historiker Mitte der 1990er Jahre begannen, die Rolle des Zufalls zu betonen und darüber nachzudenken, dass alles auch anders hätte kommen können (oder vielleicht eher: sollen), weil zu diesem Zeitpunkt die seit 1979 währende, lange Ära der Dominanz der Conservative Party unverkennbar zuende ging. Abzulesen war das an der Ablösung der Heldin der Konservativen, Margaret Thatcher, durch den blassen John Major, dessen Politik bei der neuen Generation des rechten Tory-Flügels, zu der die Anhänger kontrafaktischer Spekulationen eindeutig gehörten, zunehmend auf Widerspruch stieß. Und tatsächlich dauerte es ja nicht lange, bis dessen Regierung, geschwächt von internen Querelen und Machtkämpfen, 1997 von »New Labour« unter Tony Blair entmachtet wurde.

Die wichtigste Zielscheibe der Verfechter kontrafaktischer Geschichte war eindeutig der Marxismus oder das, was sie dafür hielten. So nannte Andrew Roberts drei führende marxistische Historiker, als er verkündete: »Wenn etwas von Carr, Thompson *und* Hobsbawm verworfen wird, dann spricht offensichtlich einiges dafür.«[11] Dabei gehörte Carr eigentlich gar nicht auf diese kurze Liste. Für Carr, der seine Karriere als Funktionär im Auswärtigen Amt begann, war eine Geschichtsschreibung, die der Rolle des Zufalls oder Spekulationen über denkbare Alternativen breiten Raum gab, sinnlos, da sie nicht als Grundlage für die Gegenwartspolitik tauge und daher der Mühe nicht wert sei. (Carr war kein marxistischer oder auch nur sozialistischer Historiker, wie Ferguson und andere fälschlicherweise behauptet haben. In seinen eigenen Arbeiten interessierte er sich überhaupt nicht für Ursachen, nur für Ergebnisse.)[12] Das jedoch war eine gefährliche Sichtweise, die historische Forschung zu einem Handlanger der Tagespolitik degradierte, und den meisten Historikern wenig attraktiv erschien – zumal in einer Zeit (den sechziger Jahren), da die neu aufkommende Sozialgeschichte die Vergessenen und Geknechteten der Vergangenheit in den Mittelpunkt rückte, von den Studien Eric Hobsbawms über Sozialrebellen und chiliastische Bauern im Mittelmeerraum bis hin zur Entschlossenheit Edward Thompsons, »den armen Strumpfwirker, den ludditischen Tuchscherer, den ›obsoleten‹ Handweber, den ›utopistischen‹ Handwerker, sogar den verblendeten Anhänger von Joanna Southcott vor der ungeheuren Arroganz der Nachwelt zu retten«.[13] Aus Geringschätzung alles dessen, was sich in der Geschichte als Fehlschlag erwiesen hat, warf Carr die Erforschung der Opfer und Verlierer in der Geschichte mit Spekulationen über verpasste Gelegenheiten und durchkreuzte Pläne in einen Topf.

Neben Carr, der nie ein Marxist im eigentlichen Sinne war, standen vor allem marxistische Historiker wie Hobsbawm und Thompson in der Schusslinie der Anhänger kontrafaktischer Geschichte. Das war umso überraschender, als der Marxismus zur fraglichen Zeit, nach dem Fall der Berliner Mauer 1989, im Begriff war, von der intellektuellen Bildfläche zu verschwinden. Die Befürworter der kontrafaktischen Geschichte führten im Grunde ein Scheingefecht, denn sie kritisierten etwas, was weder einer dieser Historiker, noch irgendein anderer Marxist, der nicht an die Dogmen des Stalinismus gekettet war, jemals behauptet hatte. Die Vorstellung, dass Geschichte offen für den Einfluss von Zufall und Kontingenz sein sollte, war für Hobsbawm oder Thompson nichts Neues, und selbst Carrs *Socialism in One Country* räumt der Persönlichkeit und den politischen Zielen einzelner Personen wie Trotski, Bucharin oder Sinowjew nach dem Tod Lenins erheblichen Raum ein.[14] Ernsthaftes, dogmatisches Beharren auf historischer Zwangsläufigkeit in jeder Phase trifft man lediglich in politischen Texten wie Stalins »Geschichte der kommunistischen Partei der Sowjetunion« an, nicht bei praktizierenden marxistischen Historikern – wobei bekanntlich selbst Stalin und seine Anhänger am Ende auf der weitgehenden Autonomie des »Überbaus« beharrten, sprich auf der Freiheit von kommunistischen Anführern wie Lenin und Stalin, sich über historische Prozesse und Strukturen hinwegzusetzen, etwa indem sie die Russische Revolution von einer »bürgerlichen Revolution« im Februar 1917 – einer Revolution, die der marxistischen Theorie zufolge zu einem viele Jahrzehnte überdauernden liberal-kapitalistischen System führen sollte – innerhalb weniger Monate zu einer »Sozialistischen Revolution« machten.

Insbesondere Ferguson gab sich mit derart leichten Zielen nicht zufrieden, sondern konzentrierte seine Kritik auf Marx und Engels selbst, insbesondere auf deren Geringschätzung des »freien Willens«, die für Ferguson in Zitaten zum Ausdruck kommt wie: »Die Menschen schaffen sich ihre eigene Geschichte, aber sie wissen nicht, daß sie dies tun«, oder in der von Marx gestellten Frage: »Sind nun die Menschen frei, diese oder jene Gesellschaftsform für sich zu wählen?« und seiner Antwort: »Keineswegs.«[15] Anders als es diese sorgsam ausgewählten Zitate nahelegen, hat Marx den Menschen jedoch ganz und gar nicht als den großen historischen Kräften hilflos ausgeliefert betrachtet. In einer berühmten Passage, die Ferguson *nicht* zitiert, verkündete Marx: »Die Menschen machen ihre eigene Geschichte, aber sie machen sie nicht aus freien Stücken, nicht unter selbstgewählten, sondern unter unmittelbar vorgefundenen, gegebenen und überlieferten Umständen.«[16] Im Übrigen war Marx' allgemeine Theorie nie dafür gedacht, einzelne Ereignisse zu erklären (auch wenn er sich in der Praxis, vor allem in seinem journalistischen Werk, nicht immer daran hielt), sondern als Hilfe zum Verständnis allgemeiner Trends. Letztlich geht es bei diesem Streit überhaupt nicht um die Geschichte, sondern um den freien Willen. Alle Historiker, schreibt Allan Megill, gehen davon aus, dass »Menschen determiniert und frei zugleich sind; sie sind äußeren Kräften unterworfen, und zugleich in der Lage, solche Kräfte selbst zu entfesseln und für ihre Zwecke zu nutzen.«[17] Ferguson, Roberts und andere Verfechter der kontrafaktischen Geschichte stützen sich in ihrer Argumentation auf eine unrealistische Polarisierung zwischen absoluter Willensfreiheit auf der einen Seite, und völliger Unterwerfung unter unpersönliche historische Kräfte auf der anderen, eine Polarisierung, der in der Praxis kaum ein Historiker, ja überhaupt kaum jemand aus seiner alltäglichen Erfahrung heraus zustimmen würde, denn der Großteil menschlichen Handelns spielt sich irgendwo zwischen diesen beiden Polen ab. Die großspurigen Erklärungen von Roberts, Black, Cowley und anderen gehen daher an der Realität vorbei; jeder Fall ist von der historischen Forschung aufgrund seiner spezifischen Umstände zu beurteilen.

Marx und Engels waren nicht die Einzigen, die betonten, dass dem Menschen in seinem Handeln Grenzen gesetzt seien, auf die er keinen Einfluss habe. Der große französische Historiker Fernand Braudel postulierte in *Das Mittelmeer und die mediterrane Welt in der Epoche Philipps II.* ausgehend von der Meeresmetapher drei Ebenen der Geschichte: die tiefen, unveränderlichen Strömungen der Umwelt, die im vorindustriellen Zeitalter den Rahmen des bäuerlichen Lebens darstellte, die langsamen Wellen des wirtschaftlichen und gesellschaftlichen Wandels, und den oberflächlichen Schaum der politischen Geschichte. Vielleicht aufgrund der Zwangslage, in der er sich selbst zum Zeitpunkt der Niederschrift des ersten Entwurfs seines Buches als deutscher Kriegsgefangener Anfang der 1940er Jahre befand, schränkte Braudel den Handlungsspielraum des Einzelnen sehr viel weiter ein als Marx. Die weitaus meisten Menschen in der Frühen Neuzeit – Bauern, die sich von dem ernährten, was das Land abwarf – waren für ihn hilflos dem Spiel größerer Mächte ausgelieferte Insekten. Braudel hat die verschiedenen Ebenen seines Geschichtsmodells nie zufriedenstellend miteinander verbunden und daher nie einen überzeugenden Ansatz zu Fragen der Kausalität in der Geschichte entwickelt. Abgesehen von Kleinigkeiten wie der Zeit, die es im 16. Jahrhundert in Anspruch nahm, bis ein Brief aus Mailand in Madrid eintraf, konnte er nicht zeigen, wie die politische Geschichte von größeren Faktoren geprägt wird. Die politische Geschichte war bei ihm mehr oder weniger unabhängig von der Sozial-, Wirtschafts- und Umweltgeschichte, und ließ den Akteuren, wie die letzten Abschnitte seiner groß angelegten Studie in Form eines eher konventionellen Narrativs der politischen Ereignisse darlegte, einigen Handlungsspielraum, wenn es darum ging, Entscheidungen zu treffen, Schlachten zu Lande und zur See zu schlagen oder bei Hofe Streitigkeiten mit anderen Fraktionen auszutragen. Worauf er mit seinem Buch letztlich hinauswollte, war, dass all diese politischen Aktivitäten auf das Leben der einfachen, arbeitenden Menschen auf dem Lande kaum einen Einfluss hatten (eine nachweislich irrige Annahme, wie die Bauern sehr schnell festgestellt haben dürften, sobald marodierende

Heere über ihre Felder marschierten, die Ernte vernichteten und Seuchen verbreiteten).[18]

Braudel war also eigentlich gar kein Determinist in dem Sinne, dass er politische Ereignisse zu Begleiterscheinungen größerer politischer Kräfte herabgestuft hätte. Was das Erzählen der politischen Geschichte betraf, war er vielmehr einer der begeistertsten Anhänger kontrafaktischer Szenarien, die man sich vorstellen kann. »Die Geschichte so umzuschreiben, wie sie nie passiert ist«, hat er einmal geschrieben, »und sich auszumalen, was wohl geschehen wäre, wenn wichtige Ereignisse anders verlaufen wären, mag eine schlechte Angewohnheit sein. Doch auch wenn ein solcher Taschenspielertrick eine Illusion sein mag, ist er doch nicht nutzlos. Auf seine eigene Weise prüft er das Gewicht von Ereignissen, Episoden und Akteuren, die ihrer eigenen oder anderer Leute Meinung nach für den gesamten Gang der Geschichte verantwortlich waren.«[19] Unter anderem stellte Braudel sich vor, in Frankreich hätte Franz I., ein Zeitgenosse Heinrich VIII. von England, den Protestantismus zur Staatsreligion erklärt und so ohne größere Konflikte zur vorherrschenden Religion gemacht.

Demungeachtet erklärt Niall Ferguson in der Einleitung von *Virtuelle Geschichte* seine Aufsatzsammlung über kontrafaktische Geschichte zu einer »notwendigen Gegenmaßnahme« gegen einen historischen Determinismus, wie ihn seiner Meinung nach Braudel praktiziert und Marx gepredigt hat.[20] Was ist Determinismus, und wie können kontrafaktische Szenarien ihn unterminieren? Der Wörterbuchdefinition zufolge bezeichnet »Determinismus« den Glauben, dass Ereignisse von Kräften verursacht sind beziehungsweise sein können, die sich dem menschlichen Willen entziehen; dass Dinge also nicht nur deshalb geschehen, weil Menschen das wollen, sondern auch auf Faktoren zurückgehen können, auf die sie keinen Einfluss haben. So besehen erscheint der Determinismus als eine Lehre, an der in der Praxis kaum ein Historiker Anstoß nehmen wird. Dass man nicht immer das bekommt, was man sich wünscht, haben schon die Rolling Stones besungen (»You can't always get what you want«). Auch muss das, was man bekommt, nicht unbedingt das sein, was jemand anderes sich wünscht. Sir Herbert Butterfield hat schon vor langer Zeit darauf hingewiesen, dass die gewaltigen Auseinandersetzungen zwischen Katholiken und Protestanten zur Zeit der Reformation und Gegenreformation mit einem Resultat endeten, das keine Seite beabsichtigt hatte, nämlich mit dem Aufkommen der religiösen Toleranz und des Skeptizismus der Aufklärung.[21]

So weit klingt das alles wenig bemerkenswert. Ferguson scheint unter Determinismus jedoch nicht die Vorstellung zu verstehen, dass dem menschlichen Wollen Grenzen durch unpersönliche Kräfte gesetzt sind, sondern ein ganzes Knäuel von anderen Dingen, das es zu entwirren gilt. Tatsächlich ist Determinismus für Ferguson, wie Aviezer Tucker angemerkt hat, »ein Sammelbegriff für mehrere eigentlich voneinander unabhängige historiographische Konzepte und Methoden, die er ablehnt«.[22] Deshalb ist es wichtig, sich diese einzeln anzusehen. Hinter dem Etikett »Determinismus« verbergen sich in Fergusons Rechtfertigung kontrafaktischer Geschichte im Wesentlichen vier Konzepte. *Erstens* wäre da die Teleologie, also eine Geschichtsschreibung, wonach die Geschichte auf ein vorgegebenes Ziel zuläuft. Für liberale Historiker wie Trevelyan lief die gesamte Geschichte Großbritanniens, und damit implizit auch die Geschichte aller anderen Staaten, auf die Etablierung der liberalen Demokratie hinaus, während sie für Marx auf die Schaffung einer sozialistischen Gesellschaft zulief. Aus globaler Perspektive betrachtet ordneten diese Teleologien die Ereignisse und Entwicklungen der Vergangenheit auf einer geraden Linie an, die in eine Zukunft wies, die vorhersagbar, aber noch nicht eingetroffen war. Da wir die Zukunft nicht voraussagen können, argumentiert Tucker, lässt sich die Behauptung, die Geschichte sei vorherbestimmt, weder beweisen noch widerlegen. Da der Ausgang der Geschichte vor uns verborgen bleibt, können wir mit Hilfe eines kontrafaktischen Szenarios eine Teleologie zwar an einem bestimmten Punkt ihres Verlaufs, aber nicht als Ganze in Frage stellen. Daraus folgt, dass kontrafaktische Geschichtsschreibung historische Teleologien lediglich auf metaphysischer Ebene in Zweifel ziehen kann. Ein kontrafaktisches Szenario, das kurz- oder mittelfristig einen denkbaren anderen Fortgang der Ereignisse postuliert, lässt sich leicht umgehen, wenn jemand entschlossen genug ist, die langfristige Richtigkeit einer Teleologie zu verteidigen.

Zweitens meint Ferguson mit Determinismus die Vorstellung, dass politische Ereignisse durch gesellschaftliche und wirtschaftliche Kräfte determiniert seien.[23] Doch das haben Marx und Engels auch nie behauptet; sie haben lediglich festgestellt, dass das allgemeine, langfristige Fortschreiten der Geschichte von einer Gesellschaftsform zur nächsten vom Handeln des Einzelnen und von konkreten politischen und militärischen Ereignissen weitgehend unabhängig ist. Sie haben mit anderen Worten keinerlei Aussage über die unmittelbaren Ursachen bestimmter historischer Ereignisse gemacht. Doch diese können den allgemeinen Trend, dessen überragende Bedeutung Marx und Engels so beharrlich betont haben, natürlich beeinflussen. Im Weiteren merkt

Ferguson an, spätere Marxisten, angefangen bei dem frühen russischen Theoretiker Georgi Plechanow, hätten versucht, offensichtlich vom Zufall abhängige Faktoren – wie militärische Erfolge in Schlachten, die ebenso gut anders ausgehen hätten können, oder die Möglichkeit, dass die eine oder andere historische Persönlichkeit, wie Robespierre oder Napoleon, vorzeitig sterben hätte können, bevor sie sich einen Namen gemacht hatte – mit dem marxistischen Beharren auf die Unvermeidlichkeit in Einklang zu bringen, mit der Veränderungen im Bereich der Produktionsweise oder der Produktivkräfte politische Veränderungen nach sich ziehen, indem sie erklärten, der Einzelne möge einen Einfluss darauf haben, wie, wo und wann etwas geschieht, nicht aber auf die allgemeine historische Entwicklung; diese werde von übergreifenden Faktoren bestimmt, nämlich von Veränderungen der Produktionsverhältnisse. Kontrafaktische Spekulationen, so Ferguson, könnten derlei Argumenten den Wind aus den Segeln nehmen, indem sie einen alternativen, völlig von gesellschaftlichen und wirtschaftlichen Kräften losgelösten Verlauf der Geschichte postulierten. Diese Argumentation birgt jedoch die Gefahr, dass alles auf eine Frage des Zufalls reduziert und alle Überlegungen zu den längerfristigen Ursachen wichtiger historischer Ereignisse in den Wind geschlagen werden.

Bei der Suche nach einer Antwort auf die Frage, weshalb Hitler an die Macht kam, beklagt Ferguson, verharrten deutsche Historiker beispielsweise »unbeirrt in der Vorstellung, dass die ›deutsche Katastrophe‹ weit in die Vergangenheit zurückreichende Wurzeln habe«.[24] Will er damit etwa behaupten, alles sei eine reine Frage des Zufalls gewesen? Ein vielversprechenderer Ansatz wäre doch wohl, dem Beispiel Plechanows zu folgen und zu sagen, dass die Struktur der deutschen Gesellschaft, die Besonderheiten der deutschen politischen Kultur seit Bismarck, die Schwächen der Weimarer Republik, die verheerende wirtschaftliche Entwicklung in Deutschland in den 1920er und frühen 1930er Jahren, die Deutschland von den siegreichen Alliierten im Friedensvertrag von 1919 zugemutete Demütigung und andere, verwandte Faktoren zwar das Scheitern der Demokratie verstehen helfen, nicht jedoch den genauen Zeitpunkt oder die Art und Weise des Triumphs des Nationalsozialismus erklären, oder die Frage beantworten, weshalb 1933 die Nationalsozialisten an die Macht kamen und nicht ein anderes diktatorisches Regime (etwa unter der Führung des Militärs), das von den Nationalsozialisten nur gestützt worden wäre. Dazu muss man weitere, personenbezogene Faktoren heranziehen, wie die Weigerung Hitlers, eine Koalition einzugehen, die nicht unter seiner Führung stand, die Intrigen der Clique um Reichspräsident Hindenburg und so weiter. Zieht man diese längerfristigen Faktoren in Betracht, so folgt daraus nicht, dass Hitlers Machtergreifung unvermeidlich gewesen wäre. Es legt jedoch den Schluss nahe, dass die Weimarer Republik Anfang der 1930er Jahre dem Untergang geweiht war. Um sich zu vergegenwärtigen, welche Rolle bei diesen Ereignissen der Zufall gespielt hat, bedarf es keines kontrafaktischen Szenarios, sondern lediglich einer Analyse der Fakten. Die entscheidende Aufgabe des Historikers liegt darin, das Wirken von Zufall und Kontingenz in einem Kontext herauszuarbeiten, der dem potentiellen Einfluss dieser Faktoren Grenzen setzt.

Viele Autoren kontrafaktischer Szenarien nehmen zufällige Ereignisse als Ausgangspunkt, von denen wir wissen, dass sie stattgefunden haben: Die Flucht von Louis XVI. und Marie-Antoinette aus Paris, die in Varennes, wo sie von den

Revolutionären gefangen genommen und später hingerichtet wurden, ein jähes Ende fand; das Scheitern des sogenannten »Gunpowder Plots«, des Sprengstoffanschlags auf König und Parlament in England 1605; die falsche Abzweigung, die der Fahrer von Erzherzog Franz Ferdinand 1914 in Sarajewo nahm; oder die ungünstigen Winde, die 1588 die Spanische Armada auseinandertrieben. Im Mittelpunkt ihrer Spekulationen stehen häufig das zufällige Scheitern eines Attentatsversuchs, der vorzeitige Tod eines Königs, der bedauerliche Tod seiner Nachkommen oder die plötzliche Wendung des Kriegsglücks in einer Schlacht. Kaum ein Historiker würde bestreiten, dass solche zufälligen Ereignisse erhebliche Auswirkungen hatten; doch die meisten Historiker würden zustimmen, dass es anderer, schwerwiegenderer Faktoren welcher Art auch immer bedurfte, damit sie mit weitreichenden Folgen verbunden waren. So wäre es beispielsweise ein Leichtes, überzeugend darzulegen, dass die Revolutionäre doppelt entschlossen gewesen wären, das Erreichte zu verteidigen, wenn Louis XVI. geflohen und an der Spitze einer österreichischen Armee versucht hätte, die Revolution niederzuschlagen; dass die Ausradierung der politischen Elite 1605 in England eine Radikalisierung der Protestanten nach sich gezogen hätte, so dass sie die Katholiken in einem Blutbad von biblischem Ausmaß abgeschlachtet hätten; dass es die bosnisch-serbischen Terroristen bei einem Fehlschlag des Attentats auf Franz Ferdinand im Juni 1914 weitere Male versucht hätten, bis sie – mit ähnlich verheerenden Folgen – erfolgreich gewesen wären; oder dass Elisabeth I. angesichts der Popularität, die sie zu diesem Zeitpunkt genoss, der spanischen Armee im Falle einer erfolgreichen Landung in England 1588 mit Hilfe ihrer Anhänger eine vernichtende Niederlage bereitet hätte. Jedes dieser Ereignisse hätte ebenso gut anders ausgehen können; damit das jedoch die von den Verfechtern kontrafaktischer Geschichte bisweilen behaupteten Folgen gehabt hätte, hätte es vermutlich umfassenderer Veränderungen des historischen Kontextes bedurft. Dass derartige kontrafaktische Szenarien weitreichende Folgen gehabt hätten, kann man nur dadurch plausibel machen, dass man den historischen Kontext ausblendet. Bezieht man diesen ein, heißt das zwar nicht, dass sich im Großen und Ganzen nichts geändert hätte, aber die Größenordnung der Veränderungen fällt ein paar Nummern kleiner aus.

Mit diesen Beispielen haben wir uns bereits ziemlich weit von gesellschaftlichen und wirtschaftlichen Kräften entfernt. Die eigentliche Frage, um die es hier geht, ist jedoch nicht die Beschaffenheit der im Einzelfall relevanten größeren historischen Kräfte, sondern welchen von ihnen man Priorität einräumt. Das bringt uns zur *dritten* Spielart des Determinismus, der kontrafaktische Geschichte angeblich erfolgreich zu Leibe rückt, nämlich zu der Vorstellung, die Geschichte sei durch allgemeine Entwicklungsgesetze determiniert, wie sie zum Beispiel Arnold Toynbee in seinem Buch *Gang der Weltgeschichte* formuliert hat.[25] Die Debatte über Gesetze in der Geschichte reicht weit zurück, aber zu keinem Zeitpunkt haben die Historiker akzeptiert, dass die Geschichte von Gesetzen im Sinne von Naturgesetzen bestimmt sei. Geschichte ist niemals so genau vorhersagbar wie beispielsweise chemische Reaktionen. Wir mögen manchen kausalen Zusammenhängen den Vorrang vor anderen geben, oder zur Erklärung der Vergangenheit auf Theorien zurückgreifen, etwa auf eine Variante des Marxismus oder der Modernisierungstheorie, doch wenn wir sagen, manche Faktoren seien in der Geschichte von anderen abhängig – zum Beispiel kulturelle Entwicklungen von gesellschaftlichen, oder militärische Stärke von wirtschaftlicher Schlagkraft –, so bedeutet das noch lange nicht, dass wir alles für vorhersagbar halten. Und wenn wir sagen, dass einige Faktoren von anderen abhängig seien, sagen wir zugleich, dass manche unabhängiger sind als andere. »Zufälle sind nicht undeterminiert, sondern vom System abhängig.«[26] Historiker wenden Theorien niemals starr und eins zu eins an; das lässt das Durcheinander der Vergangenheit und der überlieferten Quellen gar nicht zu. Wie Tucker es ausdrückt: »Kontrafaktische Szenarien in der Geschichtswissenschaft als solche stellen die privilegierte Stellung von Theorien als solche nicht in Frage.« Wenn unter Determinismus zu verstehen sei, dass die historische Entwicklung gewissen Gesetzen folge, so Tucker, so sei fraglich, »inwiefern kontrafaktische Szenarien bei der Widerlegung dieser Theorien bessere Dienste leisten können als schlichte historische Fakten«.[27]

Viertens argumentiert Ferguson im Anschluss an Hayden White, Geschichtsschreibung mit Hilfe narrativer Tropen – beispielsweise die Darstellung eines historischen Vorgangs als tragisch oder komisch – sei notwendigerweise deterministisch, weil sie, weniger aufgrund ihrer Inhalte als aufgrund ihres Stils, ein bestimmtes Endergebnis vorwegnehme. Meiner Ansicht nach ist dieses Vorgehen jedoch nicht notwendigerweise deterministisch, weil der Tropus der Erzählung nicht vorausgeht, sondern aus ihr folgt. Anders ausgedrückt: Wir stellen zunächst eine historische Erzählung zusammen und entscheiden dann erst, ob es sich um eine Tragödie oder eine Komödie handelt – je nachdem, was uns passend erscheint. Auch legt dieses Vorgehen den Erzähler keineswegs auf eine bestimmte Sichtweise einzelner Ereignisse oder Personen fest. Vielmehr bildet dieser sich am

Ende seiner Erzählung ein Urteil. Hayden White argumentierte allerdings, durch die Entscheidung für eine bestimmte Erzählweise sei die Auswahl der einzelnen Bestandteile der Erzählung bereits vorgegeben. Jede Geschichte, die über eine reine Chronik oder über Liebhaberei hinausgeht, war für White eine Metageschichte, die einem bestimmten, vom Historiker gewählten erzählerischen Tropus folge und durch empirische Forschung nicht verifiziert werden könne. Doch wie jeder erfahrene Historiker bestätigen wird, ist das nicht der Fall. Wir mögen eine Hypothese unserer Interpretation aufstellen, überprüfen diese jedoch kontinuierlich anhand der Belege dafür und dagegen, und am Ende kommen wir mit großer Wahrscheinlichkeit zu einem anderen Ergebnis als ursprünglich gedacht.[28]

Die Behauptung von White, es gebe nur eine kleine Anzahl von Tropen und jede geschichtliche Darstellung lasse sich einer von ihnen zuordnen, mag auf die von ihm untersuchten, klassischen viktorianischen Epen wie Macaulays *History of England* zutreffen, nicht jedoch auf die moderne, analytische Geschichtsschreibung, mit der White sich an keiner Stelle auseinandersetzt. In der Praxis gibt es immer Quellen, die sich nicht recht in eine tragische oder komische Geschichte einfügen wollen, die wir aber nicht einfach ignorieren oder weginterpretieren können. Die meisten Historiker, die die Lebensgeschichte von Maria Stuart erzählt haben, sahen darin eine Tragödie, in der Maria das Opfer der Machtpolitik der Tudors wurde: Maria verbrachte ihre Kindheit im Frankreich des 16. Jahrhunderts, wurde nach einer privat und politisch turbulenten Zeit auf dem schottischen Thron von unerbittlichen Protestanten aus Schottland vertrieben, weil sie Katholikin war, von Königin Elisabeth I. von England gefangen gehalten, da sie als Thronanwärterin eine Bedrohung für Elisabeth und die protestantische Reformation darstellte, und schließlich hingerichtet, weil sie in eine Reihe von Verschwörungen verwickelt war, die ihr den Thron verschaffen sollten. Doch niemand hat je bestritten, dass sie an ihrem Unglück und ihrem Tod selbst mitschuldig war, und einen Historiker, der beispielsweise einfach verschweigen würde, dass Maria an der Babington- und der Throckmorton-Verschwörung beteiligt war (die beide mit Marias Einverständnis darauf abzielten, Elisabeth zu töten und Maria zur Königin zu erheben), würde niemand ernst nehmen.

In der Praxis ist die Entscheidung für eine bestimmte Erzählweise daher lediglich eine ungefähre moralische Einordnung, die den Eigenheiten der Quellen keine vorgefasste Interpretation überstülpt, kein moralisches Urteil fällt, und das Wirken des Zufalls nicht in Abrede stellt (etwa in Bezug auf die Entlarvung Francis Throckmortons, weil den Agenten der Königin auffiel, dass er verdächtig oft die französische Botschaft aufsuchte). Am Ende gab auch White zu, dass es möglich ist, auf der Grundlage von Fakten festzustellen, ob bestimmte historische Ereignisse tatsächlich stattgefunden haben oder nicht (ein Zugeständnis, das er machen musste, nachdem er darauf hingewiesen worden war, dass Skepsis in dieser Frage der Leugnung des Holocaust Tür und Tor öffnet). Fakten spielen also – wie jeder erfahrene Historiker weiß – bei der Ausarbeitung einer Erzählung eine wichtige, eigenständige Rolle; wir können uns nicht einfach die Fakten herauspicken, die uns in den Kram passen, und die anderen unter den Tisch fallen lassen. Was Ferguson als »narrativen Determinismus« bezeichnet, impliziert daher keinen arbiträren Prozess der Konstruktion einer irgendwie gearteten historischen Unvermeidlichkeit. Und noch einmal: Es ist schwer einzusehen, inwiefern es zur

Unterminierung dieses Prozesses kontrafaktischer Szenarien bedürfte, wird die Erzählung doch naturgemäß ohnehin Zufallsereignisse erwähnen, also Dinge, die gut auch anders ausgehen hätten können.[29]

Bisweilen scheint es, als wende sich Fergusons Generalangriff auf den Determinismus nicht nur gegen jegliche Vorstellung von weiter reichenden Kräften und tiefer liegenden Strömungen in der Geschichte, sondern gegen jegliche Annahme von Kausalität. Das menschliche Leben, so Ferguson mit Hinweis auf die Entwicklung der Chaostheorie und das wissenschaftliche Konzept der Unschärfe, werde nicht immer weniger, sondern immer stärker vom freien Willen des Einzelnen geprägt. Folgt man Ferguson, so macht man sich allein mit dem Versuch, bedeutende Ereignisse oder Prozesse wie den Aufstieg und Fall des britischen Empire oder den Ausbruch des Englischen Bürgerkriegs auf große Ursachen zurückzuführen, des Determinismus schuldig, denn durch die Auflistung einer Reihe oder Hierarchie von Ursachen implizierten Historiker – konkret nennt Ferguson hier Paul Kennedy und Lawrence Stone[30] –, das Ereignis sei unvermeidlich gewesen. Ferguson bemüht die Chaostheorie und deren Sinnbild, wonach der Flügelschlag eines Schmetterlings in Japan einen Hurrikan auf den Bermudas auslösen könne – übrigens ein Beispiel für jenen Zusammenhang zwischen kleinen Ursachen und großen Wirkungen, der bei den Vertretern kontrafaktischer Geschichtsschreibung so beliebt ist und über den Ferguson sich im Rahmen seiner Kritik am Buch von Merriman so kritisch äußert. Diejenigen, die argumentieren, die Geschichte sei im Grunde chaotisch – sprich im Wesentlichen ein Produkt des Zufalls –, mussten seit jeher eingestehen, dass nichtsdestotrotz größere Kausalzusammenhänge existieren, durch die zwar nicht der genaue Verlauf und Zeitpunkt, aber doch das allgemeine Muster der Ereignisse festgelegt wird. Wendet man die Chaostheorie auf die Geschichte an, so ist sie anders als in den Naturwissenschaften nicht mathematisch beweisbar; bei näherem Hinsehen ist sie auf die Geschichte sogar überhaupt nicht anwendbar. Was auch immer draußen im Weltall vor sich gehen mag: dafür, dass das menschliche Leben immer chaotischer würde, gibt es keinerlei nachprüfbare Belege. »Anhänger der chaotischen Geschichte«, schreibt Tucker, »müssen von kontrafaktischen Situationen ausgehen, in denen geringfügig unterschiedliche Ausgangsbedingungen zu völlig anderen Ergebnissen führen.«[31] Dazu muss man freilich einen ganz konkreten Grund oder Umstand herausgreifen und für nicht nebensächlich, sondern notwendig erklären. Um ein kontrafaktisches Szenario zu entwerfen, müssen wir mit anderen Worten feststellen, dass dieser Grund oder Umstand der entscheidende war – sonst würden wir ja nur einen belanglosen Faktor verändern, der in den Augen der meisten Historiker für das fragliche Ergebnis kaum einen Unterschied machte. Und damit sind wir wieder bei der Idee einer Hierarchie der Ursachen, die Ferguson als deterministisch erachtet.

Kontrafaktische Szenarien sind also weniger gut geeignet, den Determinismus in allen möglichen Bedeutungen des Wortes zu unterminieren, als schlichte Fakten. Allerdings ist das nicht die einzige Hinsicht, in der kontrafaktische Geschichte ihren Verfechtern zufolge nützlich oder gar, wie einige meinen, unentbehrlich ist. Sie kann aufzeigen, dass bestimmte Ereignisse und Entscheidungen nicht unvermeidbar, sondern von Zufall und Kontingenz beeinflusst waren. Indem wir die Handlungsoptionen, die Entscheidungsträgern beispielsweise anlässlich des Ausbruchs des

Ersten Weltkriegs zur Verfügung standen, sorgfältig analysieren, verstehen wir am Ende vielleicht besser, wie sie sich letztlich entschieden haben. Dabei, so Ferguson, sollten wir denkbare Alternativen zum tatsächlichen Geschehen untersuchen – wobei allerdings die Zahl und Unterschiedlichkeit dieser Alternativen, wie Ferguson betont, nicht unbegrenzt sei. Vielmehr liege es auf der Hand, dass Historiker nur diejenigen denkbaren Alternativen in Betracht ziehen sollten, die zumindest plausible oder, wie Ferguson es ausdrückt, »mögliche« Alternativen waren, über die die Zeitgenossen selbst nachdachten und schrieben (denn wenn sie nichts darüber geschrieben haben, gibt es keinen Beleg, dass sie sie in Erwägung gezogen haben).

Auf den ersten Blick erscheint dieses Vorgehen vernünftig. Allerdings schließt es Faktoren wie impulsives Verhalten, menschliche Missgeschicke, unerwartete Fehler und ähnliches aus, und reduziert den Einfluss der Kontingenz damit auf ein unerhebliches Maß, weil dann nur noch sorgfältig durchdachte und abgewogene Bedingungen Berücksichtigung finden.[32] Indem Ferguson zugibt, dass die Anzahl der Möglichkeiten begrenzt ist, stimmt er meiner Ansicht nach im Übrigen der Aussage von Marx zu, wonach die menschliche Willensfreiheit nicht absolut ist, weil sich die Bedingungen ihres Lebens und Handelns ihrer Macht entziehen und oft von Kräften abhängig sind, auf die sie keinen Einfluss haben. Schließlich sind es, wie so mancher Diktator von Napoleon bis Hitler zu seinem Leidwesen erfahren musste, letztlich solche Kräfte – seien sie nun wirtschaftlicher, machtpolitischer, kultureller, gesellschaftlicher, intellektueller, geographischer oder sonstiger Natur –, die dem menschlichen Willen Grenzen setzen, nicht irgendwelche Schwächen oder Unvollkommenheiten des menschlichen Willens an sich. Diese Grenzen sind nicht von der Hand zu weisen, innerhalb derselben jedoch konnten die Entscheidungsträger sehr wohl zwischen mehreren denkbaren Optionen wählen.

So stand der britische Außenminister Sir Edward Grey im Juli und August 1914 vor der Entscheidung, Deutschland den Krieg zu erklären oder Großbritannien aus dem Konflikt herauszuhalten und neutral zu bleiben; eine Kriegserklärung an Frankreich oder Russland war im damaligen Kontext keine Option. Wie kann die kontrafaktische Hypothese einer britischen Neutralität uns verstehen helfen, weshalb Grey sich gegen diese Handlungsmöglichkeit entschieden hat? In seinem Beitrag zu *Virtuelle Geschichte,* »Die Europäische Union des Deutschen Kaisers«, und in seinem Buch *Der falsche Krieg* geht Ferguson dieser Frage ausführlich auf den Grund. Angesichts der deutschen Verletzung der von Großbritannien garantierten Neutralität Belgiens und der Gefahr, die von einem möglichen deutschen Sieg für das europäische Gleichgewicht und, mehr noch, für das britische Empire ausging, so Ferguson, seien die Beteiligten nach dem Krieg zu dem Schluss gekommen, der Kriegseintritt Großbritanniens sei unvermeidlich gewesen, und dabei sei es für die Historiker bis heute geblieben. Eine britische Neutralität schien ausgeschlossen. Doch für Ferguson ist die

> Vernachlässigung der neutralen Geschichtsalternative […] ein Tribut an die Überzeugungskraft derartiger emotionaler Rechtfertigungsversuche aus der Nachkriegszeit. England, so wird deutlich, konnte aus moralischen und strategischen Gründen nicht ›tatenlos zusehen‹. Aber eine sorgfältige Prüfung der damaligen Dokumente – die sich weitaus überzeugender darstellen als die hartnäckig deterministischen Rechenschafts-

> berichte der viel später verfassten Memoiren – offenbart, wie ambivalent die Voraussetzungen für die Entscheidung Englands waren. Wenngleich es unbestreitbar zu sein scheint, dass auf dem Kontinent früher oder später ohnehin ein Krieg zwischen Österreich, Deutschland, Russland und Frankreich ausbrechen würde, war es in Wirklichkeit für England nicht unvermeidlich, sich für eine Teilnahme an diesem Krieg zu entscheiden. Einzig wenn wir herauszufinden versuchen, was tatsächlich passiert wäre, wenn Großbritannien ›tatenlos zugesehen‹ hätte, können wir uns darüber klar werden, ob die damalige Entscheidung die richtige war.[33]

Was im Fall einer britischen Neutralität geschehen wäre, zeigt Fergusons Ansicht nach, dass die von Grey getroffene Entscheidung falsch war. Hätte Großbritannien sich aus dem Krieg herausgehalten, wären die deutschen Kriegsziele moderater ausgefallen und Deutschland hätte den Krieg gewonnen.

Hätte Deutschland damals schon jene hegemoniale Stellung in Europa errungen, die es bis zum Ende des 20. Jahrhunderts durch die Schaffung und Dominierung der Europäischen Union ohnehin erlangte, so hätten die Deutschen sich nicht so gedemütigt gefühlt, und der Welt wäre Hitler ebenso erspart geblieben wie der Zweite Weltkrieg, das Massensterben auf den Schlachtfeldern, die Gaskammern und der Holocaust. »Hätte Großbritannien [1914] tatenlos zugesehen, und sei es nur ein paar Wochen lang«, schreibt Ferguson, »so hätte der europäische Kontinent daher in etwas der Europäischen Union unserer Tage nicht ganz Unähnliches verwandelt werden können, nur dass es nicht zu jenem massiven Machtverlust in Übersee gekommen wäre, den Großbritannien durch die Beteiligung an zwei Weltkriegen hinnehmen musste.«[34] Das britische Reich wäre nicht zerfallen, und anstatt auf das Niveau eines bloßen Bestandteils eines von Deutschland dominierten, vereinten Europas herabzusinken, wäre Großbritannien im gesamten 20. Jahrhundert eine Supermacht geblieben.

Die 1997 erschienenen kontrafaktischen Spekulationen Fergusons weisen interessante Parallelen mit dem Buch *Churchill. Das Ende einer Legende* auf, das fünf Jahre zuvor ein anderer junger britischer konservativer Historiker veröffentlichte, John Charmley. Charmley brach mit seiner scharfen Kritik an Winston Churchills Führungsqualitäten im Zweiten Weltkrieg eine Vielzahl von Tabus.[35] Charmley warf Churchill vor, mit seinem Beharren auf einer Fortsetzung des Krieges gegen Hitler habe dieser nach seiner Wahl zum Premierminister 1940, wenige Monate nach dem Ausbruch des Zweiten Weltkriegs, eine fatale Entscheidung getroffen. Dadurch habe er riesige Geldsummen verschwendet, so dass Großbritannien nach Kriegsende unfähig gewesen sei, das Empire weiterhin zusammenzuhalten. Das jedoch sei nicht nur für Großbritannien schlecht gewesen, sondern auch für die Kolonien, denn diese wären in jeder Hinsicht besser dran gewesen, wenn sie nicht unabhängig geworden wären, sondern weiterhin der wohlwollenden, zivilisierenden Kontrolle durch London unterstanden hätten. Churchill habe Großbritannien den Handlungsspielraum genommen und es den Vereinigten Staaten ausgeliefert; diese hätten Großbritannien im großen Stil Geld und Kriegsgerät geliehen und die britischen Schulden genutzt, um das Vereinigte Königreich zur Aufgabe seiner Kolonien zu zwingen – was von Anfang an eines der Hauptziele des US-Präsidenten Franklin D. Roosevelt gewesen sei. Roosevelt habe Churchill auf den Friedenskonferenzen an der Nase herumgeführt und die Grundlage für eine Nachkriegsweltordnung gelegt, in der nicht mehr Großbritannien, sondern Amerika den Ton angab. Der Krieg habe Polen nicht davor bewahrt, zuerst von Hitler und dann von Stalin unterdrückt zu werden. Was die Innenpolitik anbelange, so habe es Churchill durch seine geradezu besessene Konzentration auf die Kriegsführung den Labour-Ministern seiner Koalition ermöglicht, die Wähler von ihrer Regierungsfähigkeit zu überzeugen. Die Folge sei der Wahlsieg von Labour bei den Wahlen von 1945 und der aus Charmleys Sicht verhängnisvolle Aufbau des modernen Wohlfahrtsstaats zwischen 1945 und 1951 gewesen. Dies habe einer Kultur der Abhängigkeit und Bequemlichkeit Vorschub geleistet, die den raschen Niedergang Großbritanniens ausgelöst habe, bis die Regierung Thatcher in der Dekade nach 1979 mit ihren radikalen Reformen den Staat wieder in seine Schranken verwiesen und für eine Kultur des Unternehmertums und der Eigeninitiative gesorgt habe. Charmleys Urteil war vernichtend: Churchill, erklärte er, stehe für das britische Empire, die Unabhängigkeit Großbritanniens und eine »antisozialistische« Vision für Großbritannien. Doch im Juli 1945 habe Ersteres vor dem Zusammenbruch gestanden, Großbritannien sei auf Gedeih und Verderb von Amerika abhängig gewesen, und Letztere habe sich mit dem Wahlsieg von Labour in Luft aufgelöst.

Wie anders wäre doch alles gekommen, behauptete der eigenwillige Historiker und Politiker Alan Clark vom rechten Flügel der Tories in seiner Rezension von Charmleys Buch, wenn Churchill auf die von Lord Halifax angeführten Kompromissler gehört hätte, als diese im Frühjahr 1940 nach der katastrophalen Niederlage in Dünkirchen auf einen Separatfrieden mit Deutschland drängten. Die nach

Clarks Ansicht »hervorragenden Bedingungen«, mit denen Hitlers Stellvertreter Rudolf Heß ein Jahr später nach Schottland geflogen sei, habe Churchill törichterweise abgelehnt. Hätte er mit den Nationalsozialisten Frieden geschlossen, so Clark, hätte Churchill Truppen aus Europa in den Fernen Osten verlegen, Malaysia, Singapur und Burma vor Japan in Schutz nehmen und dadurch das Empire vor dem Untergang bewahren können. Wären die Briten ausgeschieden, so wären die Amerikaner nicht in den Krieg eingetreten und Hitlers »Drittes Reich« und Stalins Sowjetunion hätten sich an der Ostfront einen Stellungskrieg geliefert und sich dabei gegenseitig aufgerieben. Russland wäre dadurch so geschwächt worden, dass es nach dem Krieg nicht die Hand nach dem übrigen Osteuropa hätte ausstrecken können. Außerdem wäre ein Ausscheiden aus dem Krieg 1940 oder 1941 nicht gleichbedeutend damit gewesen, die europäischen Juden ihrem Schicksal zu überlassen, denn das Vernichtungsprogramm der Nationalsozialisten sei zu diesem Zeitpunkt noch nicht angelaufen gewesen, und überhaupt hätten die Briten trotz des Entschlusses, weiter gegen die Nationalsozialisten zu kämpfen, wenig bis nichts unternommen, um die Juden zu retten. Ebenso wenig hat die britische Führung laut Charmley getan, um Massenmorde und die Zwangsumsiedlung ganzer Völker in der Sowjetunion während und nach dem Krieg zu verhindern. Großbritannien habe demnach keinen Grund, auf sein Verhalten im Zweiten Weltkrieg stolz zu sein. Die Einmischung der Briten in die Auseinandersetzungen zwischen den kontinentaleuropäischen Mächten, betonen Clark und Charmley unisono, sei eine einzige Katastrophe gewesen.[36]

Diese kontrafaktischen Spekulationen beruhen auf einer extrem unsicheren empirischen Basis und sind in fünf

Punkten wenig überzeugend. *Erstens*: Was den August 1914 und das Argument anbelangt, von Deutschland sei keine Gefahr für britische Interessen ausgegangen, so widerspricht Ferguson sich selbst. In *Der falsche Krieg* stellt er zwar fest, Deutschland sei 1914 nicht mächtig genug gewesen, um für Großbritannien eine ernsthafte Gefahr darzustellen, behauptet jedoch an anderer Stelle, die deutsche Kriegsmaschinerie sei effizienter und effektiver als die britische gewesen, weil sie mit geringerem Kostenaufwand mehr feindliche Soldaten getötet habe.[37] Geht man allerdings von dieser Rechenlogik aus, so kommt man zu dem Ergebnis, dass die effizientesten Nationen die Türkei und Serbien waren, da diese nur einen kleinen Teil ihres Bruttosozialprodukts für den Krieg ausgaben und trotzdem eine große Zahl feindlicher Soldaten töteten. Doch im Grunde sagt diese Berechnung nicht allzu viel aus. Und so oder so gibt es keinen Beweis dafür, dass die deutschen Kriegsziele bescheidener ausgefallen wären, wenn Großbritannien sich aus dem Krieg herausgehalten hätte, beziehungsweise gibt es andersherum betrachtet keinerlei Belege, dass der britische Kriegseintritt unmittelbar zu einer Ausweitung der deutschen Kriegsziele geführt hat. Die meisten der im berüchtigten Septemberprogramm von 1914 festgehaltenen Ziele betrafen Großbritannien ohnehin nicht. Um zum *zweiten* Bereich empirischer Probleme im Zusammenhang mit dem kontrafaktischen Szenario einer britischen Neutralität zu kommen: Welche Friedensbedingungen hätte Hitler wohl angeboten? Nach der Eroberung Westeuropas hat er Großbritannien in mehreren Reden demonstrativ Friedensangebote gemacht, eine genaue Analyse dieser Reden macht jedoch deutlich, dass sie keinerlei Details enthalten. Da es nicht zu tatsächlichen Verhandlungen kam, werden wir nie erfahren, welche Bedingungen festgeschrieben worden wären. Das Frühjahr 1940 war zweifellos der entscheidende Moment, und es wäre durchaus möglich gewesen, dass sich die Friedensverfechter um Halifax durchsetzen. Aber das wissen wir auch ohne kontrafaktische Spekulationen. Was Rudolf Heß und seinen Flug nach Schottland betrifft, so weisen alle verfügbaren deutschen Quellen darauf hin, dass Heß ohne Hitlers Einverständnis handelte und dass Hitler und die anderen führenden Nationalsozialisten schockiert und bestürzt waren, als sie davon erfuhren. Heß hatte keinerlei »Bedingungen« im Gepäck, schon gar keine hervorragenden. Dafür, dass britische Friedensverfechter versucht hätten, ihn einzuladen, gibt es keine überzeugenden Hinweise.[38]

Man könnte auch argumentieren, dass Deutschland Großbritannien früher oder später ohnehin den Krieg erklärt hätte, wenn es sich aus einem der beiden Weltkriege herausgehalten hätte, und dass die Erfolgsaussichten für Deutschland nach einem möglichen Sieg über die Rivalen auf dem Kontinent dann ungleich besser gewesen wären. Oder dass Deutschland einen Separatfrieden genutzt hätte, um das britische Weltreich Stück für Stück zu demontieren. Davon ging jedenfalls Churchill aus, der am 28. Mai 1940 gegenüber seinem Kriegskabinett erklärte:

> Die Frage, ob wir bessere Bedingungen von Deutschland bekämen, wenn wir jetzt versuchten, Frieden zu schließen, anstatt weiterkämpfen, ist müßig. Die Deutschen würden unsere Flotte fordern – man würde das »Abrüstung« nennen –, unsere Flottenbasen und weiteres mehr. Wir würden – auch wenn als Hitlers Marionette wieder eine britische Regierung eingesetzt würde, unter Mosley oder wem auch immer – zu einem Sklavenstaat.[39]

Die Ansichten Churchills lieferten eine bessere Grundlage für kontrafaktische Spekulationen als alles, was Ferguson und Charmley eingefallen ist. Man kann sich auch noch andere »Was wäre gewesen, wenn?«-Szenarien vorstellen als jene, die von Historikern vorgelegt wurden, deren Ansicht nach Großbritannien besser gefahren wäre, wenn es sich aus den europäischen Kriegen herausgehalten und zugesehen hätte, während es die Kontinentalmächte unter sich ausmachen. Nehmen wir zum Beispiel die folgenden Überlegungen des linksliberalen Historikers Paul Addison, die man vielleicht als kontrafaktische Spekulation über den Zweiten Weltkrieg bezeichnen könnte:

> Die Briten […] hätten einen Frieden aushandeln können, nach dem Großbritannien selbst – möglicherweise mit Ausnahme der Kanalinseln – eine Besatzung erspart geblieben wäre. Die Monarchie, der Big Ben und die Mutter aller Parlamente hätten weiterbestanden, als wäre nichts Ungewöhnliches passiert. Doch an der Peripherie eines nazifizierten Europa wäre das besiegte Großbritannien nach und nach zu einem Satellitenstaat geworden, dessen Innenpolitik vom Triumph des Faschismus überschattet gewesen wäre, sowie von der Angst, Deutschland zu verärgern. Sir Oswald Mosley und seine Anhänger wären erstmals zu einer ernstzunehmenden Kraft geworden, und der Faschismus zu einer Weltanschauung mit geradezu magnetischer Anziehungskraft auf aufstrebende junge Konservative. Wie lange hätte es gedauert, bis Hitler die Unterdrückung deutschlandfeindlicher Elemente in der britischen Politik gefordert hätte? Wie lange hätte es gedauert, bis er Großbritannien aufgefordert

> hätte, an einem europäischen Programm zur »Lösung der Judenfrage« mitzuarbeiten?[40]

Dieses Szenario ist mindestens so plausibel wie das von Charmley und Clark gezeichnete.

Und tatsächlich hat Andrew Roberts die Sichtweise Addisons übernommen. Ein Separatfrieden mit Großbritannien, argumentiert Roberts, hätte zum Sieg Deutschlands über die Sowjetunion geführt, weil Hitler dann keine Truppen ans Mittelmeer, oder zumindest nicht nach Nordafrika entsenden hätte müssen, um Mussolini unter die Arme zu greifen. Entgegen den Annahmen Charmleys waren die Beteuerungen Hitlers England gegenüber offensichtlich unaufrichtig, und an den Sieg über Russland hätte sich eine groß angelegte Invasion des Vereinigten Königreichs angeschlossen. Über die Ablehnung eines Separatfriedens urteilt Roberts daher: »Churchill sah die Dinge insofern richtig.«[41] Allerdings überspannt Roberts den Bogen seines kontrafaktischen Szenarios bis an die Grenzen seiner Belastbarkeit und darüber hinaus, da selbst im Falle eines englischen Ausscheidens extrem ungewiss gewesen wäre, ob Hitler die Sowjetunion in die Knie hätte zwingen können. In seinem 2012 erschienenen kontrafaktischen Roman *Dominion*, der im von Deutschland unterworfenen Großbritannien der 1950er Jahre spielt, ist C. J. Sansom überzeugt, dass der Krieg im Osten »militärisch niemals zu gewinnen« war: »Das Land war einfach zu riesig, die Bevölkerung zu feindselig.«[42] Anders als von Roberts behauptet, wäre es angesichts des erbärmlichen Scheiterns der Italiener in der Auseinandersetzung mit Griechenland 1941 höchstwahrscheinlich ohnehin zu einer Entsendung deutscher Truppen in den nördlichen Mittelmeerraum und damit zu einer

Schwächung des »Unternehmens Barbarossa« gekommen. Insbesondere vor dem Hintergrund der nahezu unerschöpflichen Ressourcen der Sowjetunion beruht Roberts Darstellung auf zu vielen und zu unrealistischen Voraussetzungen, um plausibel zu sein. Die Deutschen wendeten von Beginn des »Unternehmens Barbarossa« an niemals weniger als zwei Drittel ihrer militärischen Ressourcen für den Kampf an der Ostfront auf – ein wenig mehr hätte vermutlich nicht allzu viel Unterschied gemacht.

Drittens: Was das britische Empire betrifft, so kann niemand beweisen, dass Großbritannien sein Weltreich vor dem Zerfall hätte bewahren können, indem es 1914 oder 1939–45 neutral geblieben wäre. Nehmen wir an, Deutschland hätte infolge einer britischen Neutralität den Ersten Weltkrieg gewonnen: Wer vermag zu sagen, ob der Kaiser und seine Generäle den Blick daraufhin nicht neiderfüllt auf das britische Empire gerichtet hätten? War nicht zu diesem Zweck nach dem Tirpitz-Plan seit dem Ende des 19. Jahrhunderts der Aufbau einer deutschen Hochseeflotte im Gange, die der britischen Marine in der Nordsee die Stirn bieten und diese vernichten sollte? Die Historiker sind sich weitgehend einig, dass die längerfristigen Ziele der deutschen Außenpolitik sowohl 1914 als auch 1939 weit über das Anstreben einer wirtschaftlichen Hegemonie auf dem europäischen Kontinent hinausgingen. In beiden Fällen gibt es eindeutige zeitgenössische Hinweise, dass die deutsche Reichsleitung darauf aus war, das britische Empire und die britische Weltmachtstellung herauszufordern. Die von Hitler geäußerte Bewunderung für das britische Weltreich, die Ferguson als Anzeichen dafür wertet, dass er es möglicherweise erhalten wollte, dienten in Wirklichkeit dazu, es den Deutschen als Beispiel vorzuhalten, dem sie nacheifern sollten. In einem weiteren, vom deutsch-amerikanischen Historiker Holger Herwig entworfenen kontrafaktischen Szenario geht der Untergang des britischen Weltreichs einem Separatfrieden voraus; bei Herwig folgt auf den Sieg Deutschlands im Osten die Eroberung der britischen Gebiete im Nahen Osten und die drohende Invasion in Indien.[43]

Tatsächlich deutet allerdings eine Menge darauf hin, dass die wahren Kräfte, die in der Ära nach dem Zweiten Weltkrieg die Entkolonialisierung vorantrieben, zum einen der stete Machtzuwachs der USA und zum anderen, wichtiger noch, der evolutionäre gesellschaftliche und politische Wandel in den Kolonien in Indien, Afrika und anderswo waren – dass es sich also mit anderen Worten um einen Prozess handelte, den Großbritannien selbst mithilfe der Milliarden, die es durch eine Nichtteilnahme am Krieg gespart hätte, nicht hätte aufhalten können. Das Britische Weltreich hatte sich schon seit dem Burenkrieg in einem langsamen Niedergang befunden, und die Neutralität in einem europäischen Krieg hätte, so Sansoms These, diesen Prozess sogar beschleunigt, nicht nur 1940, sondern vermutlich auch 1914. Teile des Empires, vermutet Sansom, wie Australien und Neuseeland, hätten einen Separatfrieden 1940 nicht akzeptiert, und in Indien (das 1939 ohnehin bereits die Selbstverwaltung anstrebte) hätte ein Ausgleich mit Deutschland nicht beherrschbare Unruhen ausgelöst. Mit einer Unterwerfung unter Deutschland hätte Großbritannien vor der ganzen Welt seine Schwäche demonstriert und wahrscheinlich, vor allem in Südasien, eine Welle nationaler Unabhängigkeitsbewegungen in Gang gebracht.[44] Und schließlich blendet die These, Großbritannien wäre besser dran gewesen, wenn das Empire nicht zerfallen wäre, die enormen mit seiner Verwaltung verbundenen Kosten an Personal und Ressourcen ebenso aus wie die immer negativeren Auswirkungen der britischen Herrschaft in den späteren Phasen, von den Gräueltaten in Kenia und Malaysia bis hin zu den Hungersnöten und Seuchen in Indien. Nicht alle postkolonialen, ehemals von den Briten beherrschten Staaten sind wirtschaftlich unterentwickelt geblieben oder in Chaos und Bürgerkriegen versunken. Im Übrigen kann man ebenso gut argumentieren, die Befreiung von der gewaltigen finanziellen Last, die mit dem exzessiven Engagement in Übersee einhergegangen war, sei für Großbritannien nach dem Zweiten Weltkrieg eine notwendige Voraussetzung für die allgemeine Anhebung des Lebensstandards und den Wirtschaftsaufschwung der fünfziger und sechziger Jahre gewesen und sei somit Großbritannien ebenso zugute gekommen wie den ehemaligen Kolonien.

Viertens ist es empirisch gesehen nicht haltbar, ein denkbares von Deutschland dominiertes Europa des Jahres 1918 buchstäblich mit der Europäischen Union gleichzusetzen oder die heutige Europäische Union als Vehikel darzustellen, mit dem Deutschland Europa dominieren möchte. In den 1990er Jahren, also zum Zeitpunkt, da Ferguson und Charmley schrieben, war Deutschland weitgehend mit sich selbst beschäftigt, genauer mit der gewaltigen, anfangs unterschätzten Aufgabe, der ehemaligen DDR nach dem Fall der Berliner Mauer den Anschluss an den modernen Kapitalismus zu ermöglichen. Das in Großbritannien weitverbreitete Gerede von einem »Vierten Reich« war ein alarmistisches Hirngespinst: Deutschland ist seit 1945 nicht mehr von Machtphantasien geprägt, sondern von der Angst vor zu viel Macht. Im Übrigen ist die Europäische Union schlicht und ergreifend zu groß und zu komplex, als dass man sie mit der pauschalen Verallgemeinerung charakterisieren könnte, sie werde von Deutschland dominiert. Selbst wenn man etwas zutreffender sagt, sie beruhe auf der französisch-deutschen Partnerschaft, der gemeinsamen Hegemonie Deutschlands und Frankreichs, geht das an der Realität der heutigen, auf 28 Staaten erweiterten EU weitgehend vorbei, blendet es doch völlig aus, dass wichtige Entscheidungen im Ministerrat getroffen werden müssen, wo ein einziger Staat mit seinem Veto zentrale Projekte blockieren kann. Ja, die deutsche Finanzpolitik hat den südeuropäischen Mitgliedern der Eurozone eine strenge Sparpolitik aufgezwungen und damit ihre traumatische, auf die Erfahrungen von 1923 zurückgehende Angst vor Inflation exportiert, und es gibt gute Argumente, zur Ankurbelung des Wirtschaftswachstums verstärkt auf konjunkturfördernde Maßnahmen zu setzen. Mit den deutschen Plänen von 1914 zu einem von Deutschland dominierten gemeinsamen Wirtschaftsraum in Mitteleuropa, oder gar mit den brutalen Methoden, mit denen Nazideutschland in den 1940er Jahren besetzte Länder plünderte und ausbeutete, hat das jedoch offensichtlich wenig zu tun. Gut möglich, dass die »Europäische Union des Deutschen Kaisers« nicht auf einem Deutschland in den heutigen Grenzen, sondern auf jenem durch Gebietsgewinne vergrößerten Deutschland beruht hätte, wie es das Septemberprogramm und spätere Entwürfe deutscher Kriegsziele vorsahen, und dass sie mit einem autoritären und hierarchischen Herrschaftssystem, der Missachtung der Menschenrechte von Minderheiten, der Behinderung der Arbeit von Gewerkschaften und der zwangsweisen Übernahme deutscher Sitten und deutscher Institutionen einhergegangen wäre. Darüber, was die Nationalsozialisten unter der »neuen Ordnung« in Europa verstanden, müssen wir nicht lange spekulieren: rücksichtslose Ausbeutung,

Massenmord, kontinuierliche Militarisierung. Eines jedoch steht fest: Hätte das »Dritte Reich« den Zweiten Weltkrieg gewonnen, so wäre es extrem unwahrscheinlich gewesen, dass sich dann vermeintlich moderate, pragmatische Kräfte wie Rüstungsminister Albert Speer durchgesetzt und eine »neue Ordnung« geschaffen hätten, die mehr oder weniger dem entsprochen hätte, was später mit der Europäischen Union umgesetzt wurde. Das Fundament der EU waren und sind Ideale wie Friede und Kompromiss, und beides war den Nationalsozialisten, einschließlich Speer, völlig fremd.[45]

Fünftens: Das von Charmley implizierte kontrafaktische Szenario, wonach Großbritannien wirtschaftlich erfolgreicher gewesen und anstelle einer Kultur der Abhängigkeit eine Kultur des Unternehmertums entstanden wäre, wenn Labour 1945 nicht an die Macht gekommen wäre und den Wohlfahrtsstaat begründet hätte, ist aus mehreren Gründen nicht plausibel. Die Ergebnisse des »Beveridge Reports«, auf denen die politischen Maßnahmen in diesem Bereich aufbauten, wurden nicht nur von der Labour-Partei akzeptiert, sondern auch von den Konservativen, und diese machten nach der Machtübernahme 1951 keinen Versuch, die Reformen rückgängig zu machen. In der Frage des Wohlfahrtsstaates herrschte nach dem Krieg über Parteigrenzen hinweg Konsens.[46] Außerdem gibt es keinerlei Belege, wonach dieser sich nachteilig auf die wirtschaftliche Entwicklung ausgewirkt hätte; schließlich folgte auf den Wiederaufbau der Nachkriegszeit der Boom der späten fünfziger und der sechziger Jahre. Erst die Ölkrise von 1973 veränderte die Situation nachhaltig. Die Liberalisierung der Märkte, die Privatisierung der Industrie und der Versorgungsbetriebe und die Deregulierung der Banken unter Margaret Thatcher in den 1980er Jahren legten die Grundlagen für einen neuerlichen wirtschaftlichen Aufschwung, doch traten die Nachteile ihrer Reformen überdeutlich zutage, als die Wirtschaftskrise von 2009 dem Wachstum ein Ende setzte. Durch das Versagen der nachfolgenden Regierungen, einen vernünftigen Regelungsrahmen für das ein Vierteljahrhundert zuvor so hastig liberalisierte Bankensystem zu schaffen, wurde die Krise noch verschlimmert. Auch in diesem Beispiel ist die empirische Basis zu wacklig, als dass man ein kontrafaktisches Szenario darauf aufbauen könnte.

Einer näheren Überprüfung hält das kontrafaktische Szenario von einer britischen Neutralität also nicht stand. Den von Ferguson und Charmley entworfenen Versionen kann man völlig andere Versionen anderer Historiker gegenüberstellen, wie jene von Addison, Roberts, Herwig oder Sansom. Dass Historiker unterschiedlicher Meinung sind, ist natürlich ganz normal. In diesem Fall haben wir es indes mit unterschiedlichen Auffassungen zu tun, die sich nicht auf Interpretationen beziehen, sondern auf Fakten, beziehungsweise besser gesagt auf imaginäre Fakten. Und darin liegt das Problem. All diese Autoren leiten von der Veränderung eines einzigen Ereignisses langfristige Folgen ab. Die imaginäre britische Neutralität im Ersten oder Zweiten Weltkrieg hat imaginäre Auswirkungen, die mehrere Jahrzehnte weit reichen, bis zum Ende des 20. Jahrhunderts. Das Problem an derartigen kontrafaktischen Argumentationen ist, dass sie die Geschichtsschreibung keineswegs aus der vermeintlichen Zwangsjacke des marxistischen Determinismus befreien, sondern sie vielmehr in eine andere hineinzwängen, die sie unter den Strich noch sehr viel stärker einengt. Der Grund liegt darin, dass ein kontrafaktisches Szenario eine alternative Zukunft im Sinne der Frage »Was, wenn nicht A passiert wäre, sondern B?« unterstellt und dann eine ganze Reihe weiterer Dinge annimmt beziehungsweise postuliert, die daraus *zwangsläufig* gefolgt wären: »Wäre nicht A passiert, sondern B, so hätte das *zwangsläufig* zu C, D und E geführt, und nicht zu dem, was tatsächlich geschehen ist, nämlich X, Y und Z.« Aber es wären natürlich tausend andere Dinge dazwischengekommen, mit der Konsequenz, dass dieser alternative Gang der Ereignisse in der Praxis vollkommen unvorhersehbar ist. So ist es im Hinblick auf die Annahme einer britischen Neutralität im Ersten Weltkrieg nüchtern betrachtet vollkommen deterministisch zu argumentieren, dass aus dieser einen Veränderung im Fortgang der Ereignisse unausweichlich eine ganze Kette weiterer Ereignisse gefolgt wäre, von einem Sieg Deutschlands im Ersten Weltkrieg über die Verhinderung der Machtübernahme durch Hitler bis hin zum Erhalt des Britischen Weltreichs und immer so weiter bis zum Ende des Jahrhunderts. Zufall und Kontingenz werden in einem solchen Szenario bedingungslos ausgeschaltet. Völlig ausgeblendet werden auch andere Faktoren, die nicht unmittelbar mit der Frage der Beziehungen zwischen Großbritannien und Deutschland zu tun haben, angefangen bei den Verstrickungen und Zielen Deutschlands in Osteuropa bis hin zu den Auswirkungen auf die Beziehungen zwischen Großbritannien und seinen indischen und afrikanischen Kolonien. Was wäre geschehen, wenn andere zufällige Ereignisse hinzugekommen wären? Wir können es nicht wissen, aber eines steht fest: Lässt man den kontrafaktischen Geist erst aus der Flasche, so kann niemand vorhersagen, was dann passiert.

Dem Historiker, der auf der Suche nach Ursachen nahezu immer vorsichtig zuwerke geht und häufig das Wort »wahrscheinlich« einstreut, sind von Bedingungen abhängige, mit derartig kompromissloser Gewissheit vorgetragene Aussagen fremd. »Monokausale« Erklärungen sind uns Historikern suspekt; wir ziehen es vor, Ursache auf Ursache zu häufen, bis ein Ereignis überdeterminiert ist, sprich so viele Ursachen hatte, dass der Wegfall einer Ursache von den anderen kompensiert worden wäre und das Ereignis trotzdem stattgefunden hätte. Die entscheidende Aufgabe besteht natürlich darin, bestimmte Ursachen höher zu gewichten als andere. In der Regel bauen Historiker »Ursachenhierarchien« aus primären und sekundären Ursachen oder über- und untergeordneten Ursachen auf, die für unterschiedliche Aspekte der Erklärung relevant sind. Sehen wir uns zum Beispiel die Ursachen für den Ausbruch des Ersten Weltkriegs an, so können wir feststellen, dass das Attentat auf den österreichisch-ungarischen Thronfolger eine Ursache war, aber nur für das österreichische Ultimatum an Serbien (das die Attentäter angeblich unterstützt hatte), und dass andere, wichtigere Kausalketten, über die der österreichisch-serbische Konflikt auf einer höheren Ebene mit den Rivalitäten der europäischen Großmächte verknüpft war, zum Tragen kommen mussten, damit die österreichische Kriegserklärung an Serbien eine russische Kriegserklärung gegen Österreich auslösen konnte, auf die die deutsche Kriegserklärung an Russland folgte, und so weiter. Lange Zeit argumentierten britische Historiker, der Hauptgrund für den britischen Kriegseintritt sei der deutsche Einmarsch in Belgien gewesen, dessen Neutralität Großbritannien garantiert hatte. Doch diese vereinfachende Sichtweise hat heute nur noch wenige Anhänger. Stattdessen richten Historiker den Blick auf andere Faktoren, von der Rivalität der deutschen und der britischen Marine bis zum Ziel britischer Außenpolitik, das Gleichgewicht der Kräfte auf dem europäischen Festland aufrechtzuerhalten. Bei keiner dieser Erklärungen ist es sonderlich hilfreich, sich Gedanken darüber zu machen, was wohl geschehen wäre, wenn etwas anders gekommen wäre – wenn beispielsweise der österreichische Thronfolger dem Attentat entgangen wäre, wenn Serbien das österreichische Ultimatum vollumfänglich und bedingungslos akzeptiert hätte, wenn Russland sich zurückgehalten hätte, und so weiter. Unser Hauptinteresse besteht nicht darin, die Ereigniskette auseinanderzunehmen, sondern sie zu rekonstruieren. Wir wissen, dass im britischen Kabinett ernsthaft über das Für und Wider eines Kriegseintritts diskutiert wurde und dass die Angst von Außenminister Grey vor einer deutschen Vorherrschaft in Europa am Ende den Ausschlag gab. Wir wissen das aus den Protokollen der Kabinettsberatungen; um zu verstehen, warum die Dinge sich so entwickelt haben und nicht anders, müssen wir keine kontrafaktischen Szenarien entwerfen.

Der »virtuelle Historiker«, so Allan Megill, geht in der Regel von einem Punkt in der tatsächlichen Geschichte aus, der meist kurz vor einer weitreichenden Entscheidung liegt. Johannes Bulhof merkt hilfreich an: »Kontrafaktische Szenarien sind Sätze der Form ›Wenn *p* der Fall ist, so ist *q* der Fall‹, bei denen […] Ersteres (die Bedingung nach dem ›Wenn‹) falsch ist.«[47] Dieser Augenblick der Entscheidung wird als Moment der Kontingenz dargestellt, in dem die Dinge sich gut in eine ganz andere Richtung hätten weiterentwickeln können. Von diesem Punkt aus extrapoliert der Historiker in seinem kontrafaktischen Szenario die Geschichte in einer dieser denkbaren alternativen Richtungen. Das setzt aber eine Vielzahl von Annahmen darüber voraus, was die Geschichte zu diesem konkreten Zeitpunkt und in den darauffolgenden Monaten, Jahren, bisweilen Jahrhunderten, vorantrieb. Anstatt die Bedeutung und den Einfluss des Zufalls zu verdeutlichen, schalten ihn diese Annahmen notwendigerweise aus. »Kontingenz ist ein zweischneidiges Schwert«, wie Megill anmerkt, denn wenn wir sie am Anfang eines kontrafaktischen Szenarios voraussetzen, so müssen wir das auch in den weiteren, den mittleren und den späteren Phasen, ja bis zum Ende tun. Kontingenz ist daher »kein Zug, auf den man nach Belieben aufspringen und von dem man nach Belieben wieder abspringen kann«. So betrachtet kann kontrafaktische Geschichte »keinen eindeutig bestimmbaren Verlauf haben. Genauer gesagt kann sie nur so lange einem eindeutig bestimmbaren Verlauf folgen, bis das nächste Zufallsereignis eintritt.« Es handle sich daher nicht um Geschichte, sondern um »Phantasiegeschichte«.[48] Auch Martin Bunzl weist darauf hin, dass die zentrale Voraussetzung der Plausibilität in einer kontrafaktischen Argumentationskette mit jedem Schritt weiter in Frage gestellt wird. Die kontrafaktische Behauptung zum Beispiel, wäre Al Gore zum Präsidenten der Vereinigten Staaten gewählt worden, so hätte die amerikanische Invasion in Afghanistan nicht stattgefunden, überspringt zahlreiche Zwischenstationen der Argumentationskette, so dass sich das kontrafaktische Szenario so weit von der ursprünglichen, falschen Annahme entfernt hat, dass es keinerlei Überzeugungskraft besitzt. Was Bunzl als Konsequenz eines kontrafaktischen historischen Szenarios bezeichnet, ist daher stets das Ergebnis eines Vorstellungsakts, der aufgrund des Mangels an Fakten nicht beweisbar ist. Plausibilität kann dieser Vorstellungsakt nur erlangen, sofern die Vorstellungskraft durch historisches Wissen diszipliniert wird.[49]

Auf diesen Punkt haben viele Kommentatoren der kontrafaktischen Geschichte hingewiesen, darunter einige, die diese selbst betreiben. So merkt Jon Elster an, die von einer alternativen Ereignisfolge geschaffene Realität unterscheide sich grundsätzlich von der tatsächlichen Ereignisfolge. Es sei vollkommen künstlich, so Elster, ein Element herauszugreifen, von diesem Ausgangspunkt aus die vermuteten Konsequenzen zu verfolgen und dabei alles andere konstant zu belassen.[50] Da alles mit allem zusammenhänge, so Steven Lukes, sei es völlig »willkürlich« zu fordern, »kontrafaktische Spekulationen sollten sich auf die Vorstellung (einer bestimmten Kategorie) möglicher Vorbedingungen beschränken; und zwar auf jene, die der Theorie, welche wir benutzen, um die Konsequenzen herauszuarbeiten, zufolge mit den als konstant angenommenen Elementen der Welt kompatibel sind.« Warum, so Lukes, sollten wir nicht alles verändern?[51] Zu einem ähnlichen Schluss kommt der französische Autor Emmanuel Carrère, der am Ende seiner Ausführungen zu kontrafaktischen Szenarien festhält: »[D]ie Bahn des Uchronisten kann keine Linie sein […]. Sie ist […] eine Abfolge unzähliger Punkte, und von jedem dieser Punkte breitet sich eine Vielzahl von Möglichkeiten aus.«[52]

Und Jonathan Clark stellt seinen eigenen Beitrag zum Sammelband *Virtuelle Geschichte* infrage, indem er schreibt:

> Kontingenz und kontrafaktische Spekulation sind nur am Ausgangspunkt einer historischen Untersuchung deckungsgleich. Schon bald streben sie in unterschiedliche Richtungen. Das kontrafaktische Szenario geht von eindeutig identifizierbaren alternativen Entwicklungen aus, auf deren Verschiedenheit und Kohärenz der Historiker sich verlassen kann, wenn er eine nicht Wirklichkeit gewordene Zukunft aus ihnen extrapoliert. Betont man dagegen die Kontingenz, so ergibt sich daraus nicht nur die Behauptung, dass die Entwick-

> lung der Ereignisse sich an keinen vorgegebenen Pfad hält [...], sondern auch der Schluss, dass alle denkbaren kontrafaktischen Alternativen sich ihrerseits rasch in eine unendliche Zahl von Möglichkeiten aufgespalten hätten.[53]

Langfristig angelegte kontrafaktische Szenarien, wie Ferguson und Charmley sie ausgearbeitet haben, oder gar die von Clark in seinem eigenen Beitrag aufgestellte Behauptung, ohne die Amerikanische Revolution von 1776 wäre der französische Staat nicht von den Kosten für deren Unterstützung überlastet gewesen und es wäre nicht zur Französischen Revolution gekommen, sind, wie Clark festhält, »so weitreichend und entfernen sich so weit von der tatsächlichen Entwicklung, dass sie mit historischer Forschung nur noch wenig zu tun haben«.[54] Thesen wie die Behauptung, im Falle einer britischen Neutralität im Ersten Weltkrieg hätte eine von Deutschland dominierte Europäische Union sehr viel früher das Licht der Welt erblickt, können niemals die Form einer retrospektiven Prognose annehmen, da sie nichts über all die Hunderten von Variablen aussagen, die für diese Prognose ebenfalls relevant sind. Mit anderen Worten: Eine auf einer »Was wäre gewesen, wenn«-Argumentation basierende *langfristige* alternative Entwicklung setzt erstens voraus, dass es im Folgenden zu keinen *weiteren* Zufallsereignissen kommt, und zweitens, dass das *ursprüngliche* alternative Ereignis – das erste, das nicht stattfand – den weiteren Gang der Dinge nicht auf eine Weise beeinflusste, der nicht vorherseh- beziehungsweise voraussagbar war. All das zusammengenommen läuft darauf hinaus, Zufall und Kontingenz nahezu vollständig aus der Geschichte zu verbannen. Anstatt der Vergangenheit ihre Offenheit zurückzugeben, werden alle alternativen Entwicklungsmöglichkeiten abgeschnitten.

Es mag überraschen, dass zwei der seriösesten Befürworter kontrafaktischer Geschichte, Geoffrey Parker und Philip E. Tetlock, diesen Punkt durchaus eingestehen. Im Schlusskapitel ihres Bandes *Unmaking the West* bemerken sie:

> Diejenigen, die der Ansicht sind, dass die Geschichte nichts weiter als eine Abfolge von Ereignissen sei, bei der es kaum Querverbindungen zwischen den Ursachen unterschiedlicher Ereignisse gebe, sollten sich besonders davor hüten, aus irgendwelchen Trends ungestüm kontrafaktische Welten zu extrapolieren [...]. Diejenigen jedoch, die eine systematische Logik dahinter vermuten, wie die Geschichte sich entfaltet – sei es eine positive Rückkopplung, die uns immer schneller in eine bestimmte Richtung treibt, oder eine negative Rückkopplung, die uns in einer bestimmten Gegenwart gefangen hält – sollten »Was wäre, wenn«-Spekulationen, die ungestüm Visionen einer hypothetischen fernen Zukunft ausarbeiten, aufgeschlossener gegenüberstehen.[55]

Wer die Rolle von Zufall und Kontingenz in der Geschichte betont, wird Parker und Tetlock zufolge vom Nutzen kontrafaktischer Szenarien demnach wenig überzeugt sein; nur wer an Teleologie und Determinismus glaubt, wird sie als nützlich empfinden. So oder so stehen Historiker damit vor einem Paradox. Betrachten sie Zufall und Kontingenz als Schlüsselfaktoren in der Geschichte, so können sie die Plausibilität oder den Nutzen kontrafaktischer Szenarien vor diesem Hintergrund nicht akzeptieren; sind sie Anhänger von Teleologie und Determinismus, so werden sie ohnehin keine Notwendigkeit sehen, solche Szenarien zu entwerfen.

Ferguson behauptet am Ende gar nicht, dass die kontrafaktische Spekulation über eine britische Neutralität uns hilft, die 1914 und 1940 gefällten Entscheidungen zu verstehen. Er schreibt lediglich: »Einzig wenn wir herauszufinden versuchen, was tatsächlich passiert wäre, wenn Großbritannien ›tatenlos zugesehen‹ hätte, können wir uns darüber klar werden, ob die damalige Entscheidung die richtige war.«[56] Die Tatsache jedoch, dass Addisons kontrafaktisches Szenario – ebenso wie das von Herwig und das von Sansom – überwiegend negativ ausfällt, legt den unvermeidlichen Schluss nahe, dass die positiven kontrafaktischen Szenarien von Ferguson, Charmley und Clark letztlich wenig mehr als eine ziemlich offensichtliche Form von Wunschdenken sind. Im Mittelpunkt steht weniger die Frage »Was wäre gewesen, wenn?« als der Wunsch »Wenn doch nur!«. In der vorliegenden Form tragen sie nichts zu unserem Verständnis dessen bei, was tatsächlich passiert ist. Es geht ihnen nämlich gar nicht um die Frage, wie und warum Sir Edward Grey oder Winston Churchill ihre Entscheidungen getroffen haben. Stattdessen zeigen sie vermeintlich wünschenswertere Alternativen auf und lamentieren, dass es anders gekommen ist. Derartige Spekulationen sind leicht zu unternehmen, ermöglichen sie es Historikern doch, die Geschichte ihren politischen Zielen und ihren Vorurteilen in der Gegenwart entsprechend umzuschreiben, ohne ihre Argumente anhand konkreter, überprüfbarer Nachweise belegen zu müssen. Nicht umsonst warnt Jonathan Clark: »Anhänger kontrafaktischer Geschichtsdarstellungen müssen sich vor dem bequemen Ausweg in acht nehmen, den ihnen die Argumentation bietet, ohne einen bestimmten, tragischen Fehler wäre alles gut geworden und die Menschheit wäre befreit von vermeidbaren Konflikten einem Goldenen Zeitalter des Friedens und des Fortschritts entgegen gegangen.«[57] Wie dieses Goldene Zeitalter wohl ausgesehen hätte, ist nicht das Ergebnis faktenbasierter kontrafaktischer Spekulation, sondern Ausdruck zielgerichteter politischer Motive. Genau wie die Verfasser der Beiträge zu Snowmans Sammelband »Wenn ich … gewesen wäre« verwenden Niall Ferguson, John Charmley und Alan Clark ihre Zeit darauf, Menschen in der Vergangenheit zu belehren, was sie hätten tun sollen, anstatt herauszufinden, was diese getan haben, und Erklärungen dafür zu suchen. Das Wunschdenken ist in der Welt der kontrafaktischen Geschichte allgegenwärtig. In all diesen Fällen, schließt Alan Clark, »ist das Bedürfnis nach Trost größer als der Wunsch nach Erklärungen«.[58]

KAPITEL 3
ZUKUNFTSFIKTIONEN

Historische Themen, die Gegenstand kontrafaktischer Spekulation geworden sind, gibt es zuhauf. Schriftsteller haben eine ebenso große Bandbreite an Themen bearbeitet wie Historiker, allerdings in vielen Fällen mit gänzlich unterschiedlichen Absichten. Der Schauplatz von Jorge Semprúns 1981 veröffentlichtem experimentellen Roman *Algarabía* ist zum Beispiel eine Welt, in der der französische Staatspräsident General de Gaulle 1975 bei einem Hubschrauberabsturz ums Leben kommt. In der Folge laufen revolutionäre Bewegungen unterschiedlicher Ausrichtung – Kommunisten, Anarchisten, Regionalisten – Amok, ein regelrechter Bürgerkrieg bricht aus, und am Ende schließt eine neue, ultralinke »Zweite Pariser Kommune« eine Vereinbarung mit der französischen Regierung in Versailles, die auf »leben und leben lassen« hinausläuft. Erinnerungen, Identitäten, Fakten und Fiktionen werden zu einer kaleidoskopartigen, postmodernen Darstellung vermengt, die den Leser ständig daran erinnert, dass es sich beim Gelesenen um ein künstliches Konstrukt handelt. Paris mutiert zu Berlin, passieren die Bewohner die Mauer, von der die Kommune umgeben ist, doch am »Checkpoint Danny« – eine Anspielung auf den »Checkpoint Charlie«, an dem die realen Bewohner der Westsektoren Berlins die Mauer überwinden konnten, sowie auf Danny Cohn-Bendit, einer der realen Anführer der Pariser Studentenunruhen von 1968. Die Veränderungen, die sich aus einem einzigen Ereignis ergeben – dem Tod von General de Gaulle –, verlassen hier sehr schnell jeglichen erkennbaren historischen Pfad und werden zu einem phantasmagorischen Produkt der postmodernistischen Imagination, und zwar nicht um einer konkreten politischen oder historischen Aussage willen, sondern um dem Leser die Funktionsweise erzählerischer Darstellung vor Augen zu führen und ihn zum Nachdenken darüber anzuregen.[1]

Viele, wenn nicht die meisten Autoren kontrafaktischer Szenarien bleiben in ihren Romanen bei konventionelleren, linearen Darstellungen. Die Abweichung vom historischen Kontext basiert in der Regel wie bei Semprún auf einer einzigen Veränderung der historischen Realität; von diesem Punkt aus entfalten sich die Konsequenzen dann auf wohlüberlegte, logische Art und Weise. Romanciers, deren Bücher auf derartigen kontrafaktischen Szenarien beruhen, haben sich zahlreichen Themen zugewandt und sich dabei häufig unverhohlenem Wunschdenken hingegeben, wie die spanischen Autoren, in deren Werken nicht General Franco, sondern die Republik den Bürgerkrieg von 1936–39 gewonnen hat.[2] Jede Nation hat ihre eigenen historischen Dramen und Traumata, die in belletristischen und historiographischen kontrafaktischen Szenarien gleichermaßen häufig im Mittelpunkt stehen: Die Revolution von 1789, die Niederlage Napoleons 1815 oder die Unruhen von 1968 bei den Franzosen; der Bürgerkrieg und die Herrschaft General Francos bei den Spaniern; der Dämpfer für den Nationalstolz im Ersten Weltkrieg und das faschistische Regime Mussolinis bei den Italienern; der Bürgerkrieg und später der Vietnamkrieg bei den Amerikanern; die anfänglichen Niederlagen im Zweiten

Weltkrieg bei den Briten; der verlorene Erste Weltkrieg bei den Deutschen. Katholiken haben in England wiederholt und ausführlich über die protestantische Reformation und den Sieg über die Spanische Armada im 16. Jahrhundert sowie über die politische Festigung der Reformation im 17. Jahrhundert geschrieben, vom Scheitern des »Gunpowder Plots« bis hin zur »Glorious Revolution« von 1688.

Das mit Abstand beliebteste Thema jedoch war und ist die NS-Diktatur in Deutschland. Sich auszumalen, welche Folgen es gehabt hätte, wenn die Nationalsozialisten den Zweiten Weltkrieg gewonnen hätten, ist seit Langem ein beliebter Zeitvertreib von Romanciers, Drehbuchschreibern, Filmemachern und Historikern. Warum der Nationalsozialismus und nicht zum Beispiel der Kommunismus? Der Nationalsozialismus nimmt im Westen im populären und öffentlichen Gedächtnis eine zentrale Stellung ein, als Verkörperung des Bösen und von so vielem, was dem zivilisierten Menschen ein Gräuel ist, von Rassismus und Genozid bis hin zu internationaler Aggression, Kriegstreiberei und Diktatur. Zumindest seit 1945 waren seine Anhänger eine verschwindend kleine, öffentlich geschmähte Minderheit, wohingegen sich die sowjetische und andere Spielarten des Kommunismus weiterhin massenhafter Unterstützung erfreuten, wenn auch auf immer weniger Erdteilen und zumeist in einer fortschrittlichen, abgeschwächten Form. Da der Kommunismus sowjetischer Prägung in Europa bis 1990 und anderswo noch länger an der Macht blieb, macht es wenig Sinn, Phantasieerzählungen darüber zu schreiben, was wohl geschehen wäre, wenn Stalin 1953 nicht gestorben wäre oder wenn er 1945 in Westeuropa einmarschiert wäre; schließlich wissen wir aus jahrzehntelanger Beobachtung oder Erfahrung, wie die Dinge sich unter seiner Herrschaft entwickelt hätten. Die Popularität fiktionaler alternativer Geschichten, bemerkte Aviezer Tucker, die um eine Welt kreisen, »in der die Nazis den Krieg gewonnen haben […], lässt sich vermutlich auf die ästhetische Faszination zurückführen, die von apokalyptischen Landschaften ausgeht, von in sich stimmigen, realistischen Darstellungen eines alternativen, schrecklichen Universums, wie in einem Gemälde von Bosch«.[3]

Zukunftsfiktionen, die um den Nationalsozialismus kreisen, sind in der großen Mehrzahl angloamerikanischen Ursprungs. Die Liste mit 116 alternativen Geschichten des Nationalsozialismus, die der amerikanische Historiker Gavriel Rosenfeld 2011 zusammengetragen hat, besteht zu 80 Prozent aus Titeln, die in Großbritannien oder den USA erschienen sind.[4] Möglicherweise geht die angloamerikanische Dominanz in diesem Genre darauf zurück, dass Großbritannien und die Vereinigten Staaten im Zweiten Weltkrieg auf Seiten der Gewinner standen. Die Erinnerung daran, wie knapp sie möglicherweise einer Niederlage entgangen sind und was ein deutscher Sieg hätte bedeuten können, vermag daher einen gewissen Nervenkitzel zu erzeugen. Darstellungen, in der die ganze Welt (einschließlich Großbritannien und den Vereinigten Staaten) vom »Dritten Reich« beherrscht wird, bestärken die Menschen in diesen Ländern in der allgemeinen, obgleich gelegentlich angezweifelten Überzeugung, dass die im Krieg gebrachten Opfer gerechtfertigt waren. Zur Vorherrschaft angloamerikanischer fiktiver Darstellungen einer vom Nationalsozialismus beherrschten Zukunft haben außerdem die weltweite Dominanz von Hollywood und der internationale kulturelle Einfluss der englischsprachigen Literatur beigetragen. Weder Großbritannien noch die Vereinigten Staaten waren während des

Zweiten Weltkriegs von einer feindlichen Macht besetzt. Deutsche, Franzosen, Russen, Italiener und andere Europäer brauchen dagegen keine fiktiven Darstellungen, damit sie die Schrecken der NS-Herrschaft nicht vergessen – schließlich haben sie diese selbst hautnah erfahren. (Ähnliches lässt sich über die japanische Herrschaft in China und im Pazifikraum sagen). Was die Deutschen betrifft, so sind Entwürfe einer Welt ohne Hitler extrem riskant; das darin enthaltene Körnchen Wunschdenken wäre allzu offensichtlich. Führt man den Aufstieg und Triumph des Nationalsozialismus ausschließlich auf Zufallsfaktoren zurück – im Sinne eines »Betriebsunfalls« der deutschen Geschichte, wie er bisweilen genannt wurde –, so sieht das allzu verdächtig nach einer Ausrede aus, die die Deutschen aus der Verantwortung entlässt, und deshalb haben derartige Versuche in Deutschland selbst stets heftige Kontroversen ausgelöst. Im Übrigen, merkt Rosenfeld an, wirkt in einem Land, das sich zu Recht als hauptverantwortlich für den Holocaust betrachtet, das spielerische Element bei fiktiven Zukunftsdarstellungen des Nationalsozialismus moralisch unverantwortlich und kulturell oberflächlich. Doch trotz alledem stammen 15 Prozent der fiktiven Darstellungen auf der Liste von Rosenfeld aus Deutschland, was möglicherweise auf eine gewisse Ambivalenz in der deutschen Kultur gegenüber den Nationalsozialisten und dem, was sie der Welt angetan haben, hindeutet. Allerdings haben die deutschen Schriftsteller, die sich diesem Genre zugewandt haben, in der Praxis sorgsam darauf geachtet, Hitler in ihren kontrafaktischen Erzählungen keinen irgendwie gearteten *endgültigen* Sieg zuzugestehen.[5]

Auf der von Rosenfeld zusammengestellten Liste alternativhistorischer fiktiver Darstellungen finden sich 63, in denen das »Dritte Reich« den Zweiten Weltkrieg gewinnt, 29, in denen Hitler 1945 aus dem Führerbunker entkommt und anderswo weiterlebt, sowie 18, in denen Hitler nie gelebt hat.[6] Dass die Darstellungen eines nationalsozialistischen Sieges und seiner Folgen überwiegen, ist wenig überraschend. In scharfem Kontrast zu den zahlreichen militärhistorischen Alternativgeschichten des Zweiten Weltkriegs zeigt kaum eine dieser belletristischen Darstellungen das geringste Interesse an Erklärungsversuchen, weshalb die Nationalsozialisten gewonnen haben. Die große Mehrzahl der Schriftsteller, Regisseure und Filmproduzenten verwendet die vom »Dritten Reich« dominierte Nachkriegszeit lediglich als Kulisse für die Charakterisierung von Figuren und die Entwicklung von Handlungssträngen; auf diese Weise liefern sie ihre fiktiven Figuren einem albtraumhaften Szenario aus, das sie mit harten moralischen Entscheidungen und greifbaren, leicht vorstellbaren Gefahren konfrontiert. Das klassische Beispiel einer solchen Darstellung ist natürlich George Orwells *1984*, das in einer Welt spielt, in der nicht näher bestimmte Supermächte herrschen, die Hitlers »Drittem Reich« und Stalins Sowjetunion nachempfunden sind, dabei allerdings mehr mit Orwells Vorstellung von Letzterer zu tun haben als mit seiner Erinnerung an Ersteres. Im Grunde war Orwells Roman weniger eine imaginäre Projektion einer veränderten Vergangenheit in die Zukunft als eine Warnung, was in der Zukunft geschehen könnte, wenn es Großbritannien und Europa nicht gelingt, die sowjetische Bedrohung abzuwenden. Insofern ist es genau genommen ebenso wenig ein kontrafaktischer Roman wie die verschiedenen Romane über eine vom Nationalsozialismus dominierte Zukunft, die vor Kriegsende in Großbritannien veröffentlicht wurden. Genau wie die fiktiven Zukunftsvisionen des frühen 20. Jahrhunderts, wie im Roman *Als Wilhelm kam* von Saki, in dem Großbritannien unter dem eisernen Stiefel des Kaisers ächzt, zielten Bücher wie Martin Hawkins' *When Adolf Came* (London 1943) darauf ab, die Entschlossenheit der britischen Öffentlichkeit zu festigen, der Bedrohung durch Deutschland zu trotzen. Der 1942 erschienene Roman *I, James Blunt* von H. V. Morton zum Beispiel, der aus Tagebucheinträgen eines Briten besteht, der in der Zukunft in einem nationalsozialistisch besetzten England lebt, sollte laut Morton ein Weckruf »an alle selbstgefälligen Optimisten« sein, die sich vor lauter Wunschdenken »nicht vorstellen können, wie unser Leben aussähe, wenn wir den Krieg verlören«.[7]

In den ersten eineinhalb Jahrzehnten nach Kriegsende erschien nur eine fiktionale Darstellung eines Großbritannien unter deutscher Besatzung: das Theaterstück *Peace in Our Time* von Noël Coward, eine retrospektive, dramatische Kritik der Appeasement-Politik und eine Feier britischen Muts. Darin gelingt es einer Widerstandsbewegung, die Deutschen trotz der Feigheit der Kollaborateure und Defätisten von der Insel zu verjagen. Das Stück gehört von seinem Geist her eher in die Kriegsjahre als in die Nachkriegszeit.[8] Eine ausgefeiltere, allgemeinere Darstellung eines deutschen Sieges lieferte Randolph Robban 1950 mit seinem Roman *Wenn Deutschland gesiegt hätte*, eine Satire, deren Ausgangspunkt der Einsatz der Atombombe durch Deutschland ist: Nachdem sie die Bombe vor allen anderen entwickelt haben, werfen sie diese über London und Chicago ab und beenden damit den Krieg. Deutschland und Japan stellen Führungsfiguren der Alliierten wegen Kriegsverbrechen (vor allem wegen der Bombardierung deutscher und japanischer Städte) vor Gericht und besetzen die Sowjetunion. Dann jedoch geraten sich die Siegermächte in die Haare und löschen sich durch einen Atomkrieg gegenseitig aus. Indem er die Vorzeichen umkehrt, wirft der unter einem Pseudonym schreibende Autor ein kritisches Licht auf das Vorgehen der Alliierten und setzt sich damit für eine Aussöhnung zwischen Siegern und Besiegten in der Nachkriegszeit ein.[9]

Danach erschien erst in den 1960er Jahren wieder eine kontrafaktische Publikation: *If the Nazis Had Come* aus der Feder des Journalisten Comer Clarke (London 1962). Unter Rückgriff auf Interviews mit deutschen Generälen, die den Krieg überlebt hatten, und authentische Pläne der Nationalsozialisten für die Besetzung der Britischen Inseln zeichnete Clarke ein düsteres Bild der Tyrannei und Unterdrückung. In seiner Darstellung spiegelten sich nicht nur die Erfahrungen besetzter Länder auf dem europäischen Festland, sondern auch die von Orwell entwickelte Totalitarismustheorie, derzufolge das nationalsozialistische Deutschland (ebenso wie das sowjetische Russland) eine monolithische Diktatur war, in der der Führer seinen Willen gewaltsam durchsetzte und den Menschen, sofern sie nicht in den Untergrund gingen und eine Widerstandsbewegung gründeten, keine Wahl blieb als zu gehorchen. Ähnliche Szenarien wurden unter anderem auch vom Historiker Hugh Thomas entfaltet, sowie in den Geschichten des populären Schriftstellers C. S. Forester, Schöpfer des fiktionalen Seebären Horatio Hornblower, des Schreckens der französischen Marine zur Zeit der Napoleonischen Kriege. All diese Schriftsteller gaben der Vorstellung, die Unterdrückung durch die Deutschen hätte zunehmenden Widerstand ausgelöst, breiten Raum, bekräftigten somit die Sinnhaftigkeit des Krieges und feierten das Durchhaltevermögen der Briten. Damit gehörten sie erkennbar noch immer dem Genre der Zukunftsfiktionen der Kriegsjahre an. Sie wurden in einer Phase nach dem Krieg veröffentlicht, in der das Ethos der Churchill-Ära beschworen wurde, um den Briten in Zeiten, die innenpolitisch von Sparprogrammen und außenpolitisch vom Zerfall des Empires geprägt waren – symbolisiert von der verheerenden britischen Niederlage im kurzen Krieg um den Suezkanal 1956 –, moralischen Auftrieb zu geben.[10]

Gleichzeitig mit diesen Büchern entstand eine ganze Reihe von Kriegsfilmen, wie *Mai 1943 – Die Zerstörung der Talsperren* (1955), *Allen Gewalten zum Trotz* (1956), *Die letzte Fahrt der Bismarck* (1960), *Ill Met by Moonlight* (1957), *Panzerschiff Graf Spee* (1956) und viele andere. Darin kommandierte die im Bemühen um Anstand und Ordnung stets Haltung bewahrende Offiziersklasse mit schneidigem britischem Akzent ein willfähriges und unterwürfiges Fußvolk herum. Diese Filme feierten nicht nur das soldatische Ethos der Briten, sondern legitimierten auch die hierarchische Gesellschaft, in der sie lebten. Der Erfahrung der Briten im Krieg an der Westfront und in Nordafrika entsprechend stellten sie den einfachen deutschen Armee- oder Marineoffizier als prinzipiell integer dar. Lediglich die Nationalsozialisten erschienen darin als brutale Menschen, die das ungeschriebene Gesetz des Krieges und seine fundamentalen, auf einem Ehrenkodex und dem korrekten Umgang mit Feinden beruhenden Prinzipien missachteten. Selbst in britischen Darstellungen Deutschlands aus der Zeit während und unmittelbar nach dem Krieg sind daher nicht alle Deutschen abgrundtief böse. Als jedoch Mitte der 1960er Jahre die erste Nachkriegsgeneration ins Erwachsenenalter eintrat, Wohlstand und Materialismus in der britischen Kultur Fuß fassten und mit den »Swinging Sixties« ein neues Ethos der individuellen Freiheit und des Aufbegehrens einkehrte, wurden Hierarchien und Unterwürfigkeit zusehends hinterfragt. Gleichzeitig machte die öffentliche Aussöhnung mit Deutschland und den Deutschen, symbolisiert durch den Staatsbesuch von Königin Elizabeth II. in der Bundesrepublik 1965, in fiktionalen Darstellungen des »Dritten Reichs« den Weg dafür frei, dass die »guten Deutschen« fortan eine wichtigere Rolle spielten. In der Bundesrepublik legten jüngere Historiker erste differenzierte Studien der Sozialgeschichte der NS-Zeit vor, die die chaotischen und von Kompetenzwirrwarr charakterisierten Strukturen des NS-Regimes ans Licht brachten und aufzeigten, dass es in vielen Bereichen der deutschen Gesellschaft Möglichkeiten gab, sich den Anforderungen des »Dritten Reiches« zu entziehen. Im Zuge dieser Entspannung trat an Stelle der Totalitarismustheorie ein differenzierterer Ansatz. In seiner Studie zu den deutschen Kriegszielen im Ersten Weltkrieg warf Fritz Fischer die komplexe und heikle Frage nach längerfristigen Kontinuitäten auf, die von Hitler bis ins Kaiserreich und noch weiter zurückreichen. Ein großer Teil dieser neueren deutschen Arbeiten wurde ins Englische übersetzt oder von einer neuen Generation britischer Historiker, die sich mit der deutschen Geschichte befassen, auch im englischen Sprachraum bekannt gemacht.[11]

All das sorgte für ein neues Umfeld, in dem es für Autoren und Filmemacher interessanter wurde, kontrafaktische Spekulationen darüber anzustellen, wie die Welt (und insbesondere Großbritannien) aussähe, wenn die Nationalsozialisten den Zweiten Weltkrieg gewonnen hätten. Vor diesem Hintergrund zeigten britische Romane, Theaterstücke, Filme und Fernsehdramen ab Mitte der sechziger und bis zum Ende der achtziger Jahre ein Großbritannien, in dem möglicherweise nicht ausnahmslos alle deutschen Besatzer brutal gewesen und auf allgemeinen Widerstand gestoßen wären. Britische Kollaborateure spielten in Giles Coopers

Fernsehdrama *The Other Man* (1964) ebenso eine Rolle wie in Kevin Brownlows Film *It Happened Here,* der im selben Jahr in die Kinos kam, im 1978 ausgestrahlten dreiteiligen Fernsehdrama *An Englishman's Castle* von Philip Mackie ebenso wie in verschiedenen Romanen, etwa dem im gleichen Jahr veröffentlichten Buch *SS-GB* von Len Deighton. Die bemerkenswerteste Darstellung Großbritanniens unter NS-Herrschaft stammt vom Populärhistoriker Norman Longmate, der 1972 begleitend zur gleichnamigen Fernsehdokumentation das Buch *If Britain Had Fallen: The Real Nazi Occupation Plans* veröffentlichte. Das Buch beruhte auf einer soliden Basis: einerseits auf den realen deutschen Vorbereitungen und Plänen für eine Besetzung Großbritanniens, und andererseits auf den Erfahrungen mit den deutschen Besatzern im einzigen Teil Großbritanniens, den die Deutschen tatsächlich unter ihre Kontrolle gebracht hatten: die Kanalinseln vor der französischen Küste. Longmate nahm daher für sich in Anspruch, nicht nur »zu beschreiben, was *hätte* geschehen *können,* sondern was *wahrscheinlich* geschehen *wäre*«.[12]

Im von Longmate entworfenen Szenario gewinnt die deutsche Luftwaffe die Luftschlacht um England und bereitet damit den Boden für eine groß angelegte Invasion – die entscheidende Voraussetzung für alle weiteren Spekulationen des Autors. Der König flieht nach Kanada, und Winston Churchill fällt im Kampf gegen die Invasoren. Nach seinem Tod geben die Briten sich mehr oder weniger geschlagen. In der Suche nach einem »Quisling«, einem Politiker, der bereit ist, eine Marionettenregierung zu bilden, fällt die Wahl auf Sir Samuel Hoare, der in den realen Tagebüchern des hochrangigen Diplomaten Sir Alexander Cadogan aus der Vorkriegszeit als naheliegender Kandidat genannt wird.

Hoare hatte einen Vertrag mit den Franzosen ausgehandelt, durch den Mussolini in Abessinien bekam, was er wollte, und wäre vermutlich auch für die Deutschen ein angenehmer Ansprechpartner gewesen. Als 32 Jahre später eine Neuauflage des Buches erschien, hatte Longmate seine Meinung geändert und hielt nunmehr den Führer der britischen Faschisten, Sir Oswald Mosley, für den aussichtsreichsten Kandidaten für das Amt des Premierministers. Mosley verkündete zwar nach dem Krieg, er hätte sich lieber umgebracht als sich für so etwas herzugeben, doch ist auf sein Wort kein Verlass, war er doch zu diesem Zeitpunkt nach wie vor politisch aktiv. Und was das Staatsoberhaupt anbelangt: »Wo man auch hinschaut, sei es in Großbritannien oder den Vereinigten Staaten – als aussichtsreichstes Oberhaupt einer NS-freundlichen Regierung stößt man stets auf den Namen des Duke of Windsor.« Es ist nicht ganz unwahrscheinlich, dass Edward VIII. (der im Jahre 1936 nach seiner Heirat mit der geschiedenen Amerikanerin Wallis Simpson abgedankt hatte) im Glauben, die schlimmsten Auswüchse der NS-Herrschaft abmildern zu können, auf den Thron zurückgekehrt wäre. Und für seine eitle Frau wäre das Versprechen, »Eure Majestät« genannt zu werden (während ihr das britische Königshaus nicht einmal den Titel »Königliche Hoheit« zugestand), gewiss eine Versuchung gewesen.[13]

Unter Rückgriff auf tatsächliche NS-Pläne lässt Longmate die Besatzer die Nelsonsäule am Trafalgar Square abbauen und nach Berlin abtransportieren. Die Nationalsozialisten nehmen alles mit, was nicht niet- und nagelfest ist, enteignen jüdischen Besitz, beschlagnahmen in Museen und Galerien von ihnen als deutsch erachtete Kulturgegenstände, und konfiszieren Öl- und andere Vorräte für die deutschen Streitkräfte. Die Gestapo hätte bekannte NS-Gegner (eine ziemlich willkürliche Liste) verhaftet und verdächtige Organisationen wie die Heilsarmee verboten. In vielen Bereichen wäre der Alltag mehr oder weniger weitergegangen wie bisher, nur hätten die Deutschen wie in allen anderen von ihnen besetzten Ländern auch in Großbritannien den Rechtsverkehr eingeführt. Junge Briten wären in großer Zahl als Zwangsarbeiter nach Deutschland geschickt worden, und die 450 000 britischen Juden wären zusammengetrieben und in die Gaskammern von Auschwitz geschickt worden. Während die Luftschlacht tobte, hatte die britische Militärführung, wie wir wissen, »Hilfstruppen« aufgestellt, die dem Feind im Falle einer Invasion mit Sabotageakten und Guerillaaktionen zusetzen sollten; diese Einheiten hätten jedoch nicht lange Bestand gehabt, und ihre Aktionen hätten grausame Vergeltungsmaßnahmen nach sich gezogen. Der »Widerstand« hätte sich vermutlich überwiegend in mürrischer Nichtkooperation erschöpft, aber auch Kollaborateure wären selten gewesen. Geendet hätte dieser Albtraum damit, dass die Amerikaner eine oder mehrere Atombomben über Deutschland abgeworfen und den Atlantik überquert hätten, um die unterdrückten Europäer zu befreien.[14]

Die Veröffentlichung von Longmates Buch erfolgte vor dem Hintergrund einer neuerlichen Welle von Büchern und Sendungen über Großbritannien, Deutschland und den Krieg, die von Mitte der sechziger bis Ende der achtziger Jahre andauerte. Der Schwerpunkt lag dabei auf satirischen Darstellungen der britischen »stiff upper lip« und der Verherrlichung britischer militärischer Stärke, wie zum Beispiel in der beliebten, von 1968 bis 1977 ausgestrahlten Sitcom *Dad's Army*. Dieser Angriff auf die hierarchische Gesellschaft und die selbstbeweihräuchernden Mythen der fünfziger Jahre hatte in vielerlei Hinsicht etwas Befreiendes, fachte in den siebziger Jahren aber auch eine breite Diskussion über den »Niedergang Großbritanniens« an. Der Verlust des Empires, die Ineffizienz und Unzulänglichkeit britischer Institutionen, sowie die Tatsache, dass die britische Wirtschaft gegenüber der westdeutschen ins Hintertreffen geriet, löste einen landesweiten Anfall der exzessiven Introspektion aus, der nach 1979 in den radikalen Reformen der konservativen Regierung unter Margaret Thatcher gipfelte. Im Verlauf dieser Diskussion wurde es zu einer Metapher für die vermeintlichen Schwächen und Unzulänglichkeiten britischer Institutionen in der Gegenwart, die Entschlossenheit der Briten, im Falle einer Invasion gegen die deutschen Besatzer Widerstand zu leisten, in Frage zu stellen. Daher schloss sich eine ganze Reihe von Autoren der Argumentation Longmates an, wonach zumindest ein Teil der Briten mit den Besatzungstruppen kollaboriert hätte.[15]

Gleichzeitig ging die Vermenschlichung der deutschen Invasoren in den siebziger Jahren mit einer weitverbreiteten Bewunderung für vermeintlich deutsche Qualitäten wie Effizienz, Einsatz und Unternehmergeist einher, die nachzuahmen den Briten gut zu Gesicht stünde. Hinter dem vom deutschen Automobilhersteller Audi regelmäßig unübersetzt im britischen Fernsehen verwendeten Slogan »Vorsprung durch Technik« verbarg sich zweifellos eine tiefere Botschaft. In der beliebten Sitcom *Auf Wiedersehen, Pet* fanden britische Maurer, die in ihrem Heimatland mit Arbeitslosigkeit oder niedrigen Löhnen konfrontiert waren, auf deutschen Baustellen Arbeit und Erfüllung. In den achtziger Jahren begann sich aber der Wind zu drehen. Als Großbritannien 1982 die von der in Argentinien herrschenden brutalen Militärdiktatur besetzten Falklandinseln mit Erfolg zurückeroberte, erlebte die Verherrlichung der britischen

Rolle im Zweiten Weltkrieg eine dramatische Renaissance. Anschließend suchte die Regierung die Auseinandersetzung mit den von Thatcher als »der Feind im Inneren« bezeichneten Gewerkschaften, was zu nie dagewesenen Gewaltszenen führte, als Polizisten in Phalanx gegen Bergleute auf Streikposten vorgingen. Sprachlich wurde so das Fundament dafür gelegt, zu einer älteren Art und Weise, über Großbritannien zu reden, zurückzukehren, und damit die Differenziertheit und Vieldeutigkeit hinter sich zu lassen, die seit den sechziger Jahren Einzug gehalten hatte.

Ende der achtziger Jahre, als die deutsche Wiedervereinigung bei Premierministerin Thatcher und einigen Mitgliedern ihrer Regierung feindselige Reaktionen auslöste, wurde die Sprache des Zweiten Weltkriegs auf ein neues Thema angewandt. Thatcher selbst äußerte unzweideutig ihre Angst vor einem wiedererstarkten Deutschland und einem »Vierten Reich«, das Europa mit Hilfe der Europäischen Gemeinschaft und deren Nachfolger, der Europäischen Union, dominieren könnte. Thatcher wetterte immer heftiger gegen die EU, und immer mehr Konservative im Parlament schlossen sich ihrer Sichtweise an, Deutschland strebe auf dem Umweg über die EU einmal mehr eine Vormachtstellung in Europa an. Innerhalb erstaunlich kurzer Zeit wurde Thatcher von den Pragmatikern in ihrem Kabinett aus dem Amt gejagt. Doch das Kind war bereits in den Brunnen gefallen: der Euroskeptizismus war in der Welt. Als immer mehr Bücher und Zeitungsartikel den Deutschen vorwarfen, sie seien im Grunde immer noch Nazis, die nichts bereuten, kam in der Öffentlichkeit innerhalb kürzester Zeit eine deutschfeindliche Stimmung auf. Zwischen 1990 und 1994 fiel die durchschnittliche Bewertung der Freundlichkeit der Deutschen in Meinungsfragen unter

Briten von 12,7 Prozent auf -38,8 Prozent. Hatten 1990 noch durchschnittlich 26 Prozent angegeben, sie könnten sich vorstellen, in Deutschland zu arbeiten, so waren es sechs Jahre später nur noch 5 Prozent. Waren 1987 noch 26 Prozent der befragten Briten der Auffassung, Deutschland sei der beste Freund Großbritanniens, so teilten diese Meinung 1992 nur noch 9 Prozent. 1992 glaubten nicht weniger als 53 von 100 Briten, in Deutschland könne es zu einem Wiederaufflammen des Nationalsozialismus kommen; fünf Jahre zuvor waren es nur 23 Prozent gewesen.[16] Diese Zahlen stehen in scharfem Gegensatz zu Umfrageergebnissen aus anderen europäischen Ländern, in denen die Einstellungen gegenüber Deutschland weitgehend unverändert blieben. Verstärkt wurde der Stimmungsumschwung in der britischen Öffentlichkeit durch die Gedenkfeiern anlässlich des fünfzigsten Jahrestags zahlreicher Ereignisse aus dem Zweiten Weltkrieg, die in diese Zeit fielen, vom Kriegsausbruch 1989 über die Luftschlacht um England 1990 und die Schlacht von el-Alamein 1993 bis hin zum Kriegsende 1995.

Am offensichtlichsten ist die Übernahme der Sprache des Zweiten Weltkriegs in den neuen euroskeptischen Diskurs im Fall des konservativen Parlamentariers William Cash, dessen Buch *Against a Federal Europe: The Battle for Britain* 1991 erschien. Mit seiner Anspielung auf die Luftschlacht um England deutet bereits der Untertitel eine Neuauflage des Zweiten Weltkriegs an. Diesmal war es allerdings William Cash, der in der Hoffnung auf eine Sternstunde nach den Sternen griff. Genau wie 1940 besteht auch in Cashs Buch von Anfang an nicht der geringste Zweifel, wer der Feind ist. »Großbritannien«, warnt Cash schon auf der ersten Seite, »könnte auf das Niveau einer Provinz des von Deutschland dominierten Europa herabsinken.« Und an anderer Stelle schreibt er: »Die deutsche Einstellung zu Europa [...] fußt auf einem überwältigenden historischen Erbe.« Ein zusammengewachsenes Europa wäre Cashs Ansicht nach nichts anderes als ein »Großdeutschland, das unsicher zwischen Ost und West hin- und herpendelte und, möglicherweise in verschärfter Form, die Komplexe und die Instabilität des Deutschen Reichs nach Bismarck erbte«. Welche katastrophalen Folgen die Instabilität des Deutschen Reichs nach Bismarck in den Jahren 1914, 1933, 1939 und 1945 hatte, sei hinlänglich bekannt. Eine von Deutschland dominierte, integrierte Europäische Union hätte nicht allzu lang Bestand, und ihre Auflösung, implizierte Cash, mündete in Chaos und Gewalt.[17] Auch konservative Historiker stimmten in den Chor derer ein, die in der EU ein Mittel zur Durchsetzung des deutschen Führungsanspruchs sahen. »Wie lange wird es wohl dauern«, so John Charmley mit Blick auf die deutsche Wiedervereinigung, »bis Deutschland zum Schluss kommt, dass es seinen Stiefeln entwachsen ist – und wer könnte es dieses Mal aufhalten, wenn es beschließt, sich ein größeres Paar zu besorgen?« Das widersprach eigentlich der vormals von Charmley geäußerten Sicht, es wäre vernünftig, ja wünschenswert gewesen, wenn die britische Regierung 1940 einen Separatfrieden mit Deutschland geschlossen hätte. Denn wie konnte Charmley vor dem Hintergrund seiner Ausführungen von 1995 davon ausgehen, dass die Deutschen 1940 Wort gehalten hätten?[18]

Andere rechte Historiker hat dieser Widerspruch nicht davon abgehalten, sich Charmleys neuer Sichtweise anzuschließen. Der Hintergrund, vor dem insbesondere Charmley und Ferguson ihre kontrafaktischen Spekulationen entwickelten, Großbritannien hätte dem Prinzip der *splendid isolation* treu bleiben, sich 1914 und 1940 aus den Auseinandersetzungen auf dem Festland heraushalten und so das britische Empire vor dem Untergang bewahren und den Holocaust verhindern sollen, war das Aufkommen eines mit der Sprache des Zweiten Weltkriegs operierenden Euroskeptizismus, der sich die öffentliche Erinnerung an eine Sternstunde der britischen Geschichte zunutze machte, um stellvertretend für Brüssel Deutschland anzugreifen. Derlei Darstellungen betrachten die deutsche Vorherrschaft in Europa als unumgänglich und beschreiben alternative Szenarien, in denen diese ohne Kriege oder Konflikte bereits 1915 Realität geworden wäre. Das Bild eines in sicherem Abstand von Europa prosperierenden Großbritannien war jedoch nichts anderes als euroskeptisches Wunschdenken, das in eklatantem Gegensatz zur von den Euroskeptikern als schrecklich empfundenen Realität der neunziger Jahre stand – einer Zeit, in der das Vereinigte Königreich einmal mehr vom »Vierten Reich« erdrückt zu werden drohte. Kontrafaktische Darstellungen einer friedlichen Entwicklung hin zu einer kontinentaleuropäischen Union in einer imaginären Vergangenheit, in der Großbritannien sich aus beiden Weltkriegen herausgehalten hat, mussten nun beiseitegeschoben werden, um Platz für eine aus den Zeiten des Zweiten Weltkriegs stammende Rhetorik zu schaffen, mit der man dem als Bedrohung empfundenen, vermeintlich aggressiven und expansionistischen Deutschland der Gegenwart zu Leibe rücken konnte.[19]

Verfasser kontrafaktischer Szenarien griffen die neue alte Widerstandsrhetorik auf und behaupteten, die Kollaboration im Falle einer deutschen Besetzung Großbritanniens wäre minimal gewesen. Damit wandten sie sich gegen eine Studie der liberalen *Guardian*-Journalistin Madeleine Bunting, die argumentierte, entgegen des von der Bevölkerung der Kanalinseln selbst in die Welt gesetzten Mythos (eines Mythos, den Vorgänger Buntings wie Norman Longmate für bare Münze genommen hatten) habe diese gegen die nationalsozialistischen Besatzer nicht nur keinen Widerstand geleistet, sondern aktiv mit ihnen kollaboriert, bis hin zur Mithilfe bei der Deportation der auf den Inseln lebenden Juden nach Auschwitz.[20] Andrew Roberts hielt Bunting entgegen, anders als von ihr behauptet gäben die Kanalinseln einen schlechten Ausgangspunkt für Verallgemeinerungen zu diesem Thema ab, denn ein Drittel der erwachsenen Männer sei evakuiert worden, die Deutschen hätten auf den von 60 000 Menschen bewohnten Inseln 37 000 Soldaten stationiert, die Inselbewohner seien traditionell sehr obrigkeitshörig gewesen, es habe keine starken Gewerkschaften oder Parteien gegeben, sowie weder Bergland noch große Städte, in denen eine Widerstandsbewegung hätte erwachsen können. Im Übrigen, so Roberts, seien die Bewohner ohnehin halbe Franzosen gewesen, und die Briten seien viel größere Patrioten als die Franzosen. Der Pazifismus, der vor dem Krieg eine kurze Blütezeit erlebt hatte, sei in England praktisch tot gewesen. In Großbritannien habe es keine »fünfte Kolonne« aus nationalsozialistischen Kollaborateuren und Umstürzlern gegeben. Nachdem Churchill im Kampf gegen die Invasoren gefallen und König George VI. nach Kanada geflohen gewesen wäre, argumentierte Roberts, wäre der Duke of Windsor vielleicht für eine Rückkehr auf den Thron zu gewinnen gewesen, und ein NS-freundlicher Politiker wie Lloyd George für das Amt des Premierministers. Für Letzteres wäre laut Roberts auch Sir Samuel Hoare in Frage gekommen, nicht jedoch Oswald Mosley, um dessen Unpopularität die Deutschen gewusst hätten (eine Überlegung, die sie allerdings nicht davon abhielt, in Norwegen den noch unpopuläreren Vidkun Quisling zu ernennen). R. A. Butler, oberster Befürworter der Beschwichtigungspolitik und eines Separatfriedens, hätte den Deutschen das Leben vielleicht ein wenig leichter gemacht und mit ihnen kollaboriert. Dabei hätte es sich jedoch um Ausnahmen gehandelt, behauptet Roberts kühn: Hätten die Deutschen Großbritannien besetzt, »so wären sie mit der unversöhnlichen, tief sitzenden Feindseligkeit eines Volkes unter Waffen konfrontiert gewesen«.[21] Vollends deutlich wird die euroskeptische Botschaft seines Artikels, wenn Roberts auf die Haltung zu sprechen kommt, die eine von den Nationalsozialisten kontrollierte britische Presse eingenommen hätte: »Die Betonung der Rolle einer gemeinsamen europäischen Zukunft als Katalysator für die Wiederherstellung der eigenen Ehre und Selbstachtung, wie man sie in Vichy-Frankreich antraf, hätte sich in Großbritannien Wort für Wort wiederholt.«[22]

Roberts' kontrafaktische Vision eines Großbritannien, das sich in einer landesweiten Welle des Zorns und im Namen Europas gegen die deutschen Besatzer erhebt, wurde einige Jahre später in Owen Sheers Buch *Resistance* aufgegriffen. Sheer beschrieb eine aktive Widerstandsgruppe, die den Kampf gegen die deutschen Besatzer fortsetzt, obwohl die neue Regierung mit ihnen kollaboriert und R. A. Butler, der unter dem wieder eingesetzten König Edward VIII. die Regierungsgeschäfte führt, gelobt hat, »die Differenzen zwischen Großbritannien und Deutschland zu überbrücken und auf ein vereintes Europa hinzuarbeiten, das sich zwischen den kapitalistischen Amerikanern im Westen und den Bolschewiken im Osten behauptet«.[23] Eine unmittelbare Parallele zu Roberts' euroskeptischen kontrafaktischen Spekulationen war schon dessen 1995 veröffentlichter Zukunftsroman

Das Aachen Memorandum gewesen. Dieser politische Roman spielt etwa Mitte des 21. Jahrhunderts, in einer imaginären Zukunft, in der Großbritannien ganz in eine bundesstaatliche, von Deutschland dominierte Europäische Union eingegliedert ist. Das britische Königshaus ist vor langer Zeit nach Neuseeland ausgewandert, und in Oxford wird man exmatrikuliert, wenn man einen Toast auf den König ausbringt. Großbritannien ist in eine Reihe von Provinzen aufgeteilt, und das Alltagsleben ist von einer Unzahl europäischer Richtlinien bestimmt. Der Londoner Stadtteil Earls Court musste aufgrund der »Gesetze zur Klassenlosigkeit« umbenannt werden, und der Geschlechtsverkehr wird von Richtlinien gegen sexuelle Belästigung und zu Fragen der Gesundheit und Hygiene geregelt. Admiral Nelson ist der »Entnationalisierung« der Geschichtslehrpläne zum Opfer gefallen, und seine Statue auf der Säule am Trafalgar Square (der jetzt nach dem Präsidenten der Europäischen Kommission Delors Square heißt) wurde durch eine Statue des Gründervaters der Europäischen Union, Robert Schuman, ersetzt. Arbeitsrichtlinien sorgen dafür, dass Manager nach der Pfeife von Betriebsräten tanzen. Überall grassiert die Korruption, vor allem auf höchster Ebene.[24] Das Alltagsleben in Großbritannien wird von der »föderalen Mode« bestimmt (»föderal« hat sich in der Umgangssprache zum Synonym für »gut« oder »schick« entwickelt), deren Diktat zufolge Frauen sich nach dem Vorbild ihrer deutschen Geschlechtsgenossinnen nicht die Achselhaare rasieren und Männer sich zur Begrüßung, welch schreckliche Vorstellung, zweimal auf jede Wange küssen sollten. Die Autos und Busse auf den Straßen von London sind weitgehend von Trambahnen nach kontinentaleuropäischem Vorbild abgelöst, so dass ehemals kurze und einfache Fahrten unendlich lang und kompliziert geworden sind (von den vielen Prophezeiungen des Buches ist das ehrlich gesagt die am wenigsten plausible). Nachdem die Briten aufgrund einer europäischen Richtlinie den Rechtsverkehr einführen mussten, kam es auf den Straßen zu einem regelrechten Blutbad, und das Vorgehen der europäischen Bundespolizei Europol ähnelt weitgehend dem der Gestapo im Fall einer Besetzung Großbritanniens durch NS-Deutschland. Die einzige Fremdsprache, die an Schulen unterrichtet wird, ist Deutsch. All das, lässt der Protagonist des Buches (der selbstverständlich Horatio heißt) den Leser wissen, spiegelt die Tatsache wider, dass die Deutschen in der Union weitgehend das Sagen haben und sie diese »wenn sie glauben, dass sie unter sich sind, das Reich nennen«. Horatio ist natürlich der Anführer einer Widerstandsbewegung, die der verhassten Herrschaft der Ausländer vom europäischen Festland schließlich ein Ende macht.[25]

Zwischen prophetischen Romanen, die den Briten für den Fall einer Beibehaltung des derzeitigen politischen Kurses verheerende Folgen voraussagen, wie *Als Wilhelm kam* oder *When Adolf Came*, und kontrafaktischen Szenarien, was aus Großbritannien wohl geworden wäre, wenn es 1940 von der deutschen Wehrmacht besetzt worden wäre (Szenarien, bei denen Roberts sich fleißig bedient), nimmt *Das Aachen Memorandum* eine Zwischenposition ein. Das Paradebeispiel für einen kontrafaktischen Roman euroskeptischer Prägung ist *Vaterland* von Robert Harris. Der Roman spielt nicht in Großbritannien, sondern in Deutschland, und erzählt die Geschichte eines Kommissars (und Mitglieds der SS), der im Rahmen seiner Ermittlungen in einer Mordserie den Versuch offizieller Stellen aufdeckt, die noch lebenden Hauptverantwortlichen für den Holocaust zu eliminieren und alle Beweise dafür zu vernichten, dass er stattgefunden hat. Hintergrund ist, dass die Beziehungen zu den Vereinigten Staaten, deren Präsident Deutschland einen Staatsbesuch abzustatten gedenkt, nicht gefährdet werden sollen. Harris kannte sich mit der Geschichte der NS-Zeit gut aus; zu den interessantesten Aspekten des Buches gehört daher die detaillierte Beschreibung dessen, wie Berlin (»Germania«) im Falle eines deutschen Sieges im Zweiten Weltkrieg vermutlich ausgesehen hätte. Jedoch hat *Vaterland* einen unverkennbar euroskeptischen Subtext. »Ich habe vier Jahre lang an einem Roman über eine fiktive deutsche Supermacht gearbeitet«, so Harris in einem Artikel anlässlich der Veröffentlichung, »und während ich schrieb, wurde meine Vision Realität. [...] Man muss nicht die Ansichten von [...] Margaret Thatcher teilen, um zu erkennen, wie sehr das, was die Nazis in Westeuropa vorhatten, dem ähnelt, was im Bereich der Wirtschaft nun Wirklichkeit geworden ist.«[26] Unterstrichen wurde diese Botschaft im Roman durch die Beschreibung der Kollaboration der Briten und Amerikaner mit den Nationalsozialisten: Während an der Spitze des Vereinigten Königreichs der wieder eingesetzte, NS-freundliche König Edward VIII. steht, ist Joseph Kennedy, der ehemalige amerikanische Botschafter in London, der sich durch Beschwichtigungspolitik und Defätismus hervorgetan hat, nunmehr US-Präsident. Der spannende und gut geschriebene Roman wurde auf Anhieb zum Bestseller. Doch »teilweise«, wie Rosenfeld anmerkt, »ging der Verkaufserfolg von *Vaterland* in Großbritannien auch darauf zurück, dass der Roman sich die britische Unsicherheit im Hinblick auf die deutsche Wiedervereinigung und auf die Frage, wie wünschenswert die europäische Integration sei, zunutze machte.«[27]

Ausgehend vom Sturz zahlreicher Diktaturen in Osteuropa Ende der 1990er Jahre veranschaulichte der Roman, dass selbst ein siegreiches »Drittes Reich« eine fragile Konstruktion gewesen wäre, Hitler vermutlich nicht lange überlebt hätte, die anfängliche Stärke und Aggressivität rasch eingebüßt und letztlich dem Zerfall geweiht gewesen wäre. Mit seiner Betonung der Kompetenzstreitigkeiten und Instabilitäten des NS-Regimes folgt Harris genau wie C. J. Sansom in seinem Roman *Dominion* von 2012, dessen Anleihen bei *Vaterland* unübersehbar sind, dem historiographischen Mainstream.[28] In einigen Punkten aber weichen die kontrafaktischen Szenarien, die den beiden Romanen zugrunde liegen, auffällig voneinander ab. So glaubt beispielsweise Sansom im Gegensatz zu anderen Autoren nicht, dass der NS-freundliche frühere König Edward VIII. wieder den Platz seines Bruders George VI. eingenommen hätte. Die meisten Briten, so Sansom, hätten diesem seine Abdankung nämlich nicht verziehen, und die Deutschen hätten gewusst, dass er »ein derart verantwortungsloser und törichter Mensch war, dass er als König jeder Regierung Schwierigkeiten bereitet hätte«.[29] Dabei waren den Nationalsozialisten derlei Skrupel und Vorbehalte bei der Einsetzung unpopulärer Kollaborateure anderswo in Europa, etwa im Fall des kroatischen Faschisten Ante Pavelić, fremd. Und dass George VI. in einem zum NS-Vasallenstaat degradierten Großbritannien geblieben wäre, erscheint angesichts seines tatsächlichen Verhaltens während des Krieges recht unwahrscheinlich – auch wenn sich das nicht mit Gewissheit sagen lässt. Ein gewichtigerer Einwand gegen die Vorstellung vom Duke of Windsor als Marionettenkönig von Hitlers Gnaden sind die Schwierigkeiten, auf die die Nationalsozialisten gestoßen wären, wenn sie seiner habhaft hätten werden wollen.

Churchill und sein Kabinett schafften ihn so weit weg, wie es ging, zuerst nach Portugal, später auf die Bahamas, und wahrscheinlich hätten sie alles unternommen, um zu verhindern, dass er den Deutschen in die Hände fällt.

Schwerwiegender jedoch ist – so gespalten und zerstritten die NS-Führung auch gewesen sein mag –, wie weit sich Harris in seinem Szenario vom Bereich des historisch Plausiblen entfernt, indem er das Bild eines friedlichen Europa der Nachkriegszeit unter stabiler deutscher Herrschaft zeichnet. Tatsächlich würden viele Historiker der Sichtweise zustimmen, dass der Krieg in der Vorstellung der Nationalsozialisten nicht nur ein totaler, sondern auch ein permanenter war. In seinem 1928 entstandenen, lange unveröffentlichten »zweiten Buch«, und auch bei späteren Anlässen, machte Hitler deutlich, dass die Eroberung Osteuropas nicht nur dem Zweck diente, einer Blockade der Alliierten, wie sie im Ersten Weltkrieg so großen Schaden angerichtet hatte, ihren Schrecken zu nehmen, sondern auch dazu, ein Landreich zu erobern, das dem der Vereinigten Staaten ebenbürtig sein und langfristig die Grundlage für einen noch größeren Krieg darstellen sollte: dem zwischen Deutschland und Amerika.[30] Selbst wenn man daher annimmt, dass Deutschland die Sowjetunion in die Knie hätte zwingen können – ein so unwahrscheinliches Szenario, dass sich die Wehrmacht und die Rote Armee bei Sansom noch in den fünfziger Jahren ohne konkretes Ergebnis bekriegen –, spricht wenig dafür, dass sich daran eine Friedenszeit angeschlossen hätte. »Unabhängig davon, wie man Hitlers vor 1941 angestellte Spekulationen über einen zukünftigen Krieg um die Weltherrschaft gegen die Vereinigten Staaten einordnet«, schreibt dazu der Historiker Tim Mason: »Jedenfalls hat Hitler die Eroberung von ›Lebensraum‹ im europäischen

Teil Russlands nie als endgültiges Ziel betrachtet, und er hat wiederholt über die Gefahr eines Sittenverfalls nachgegrübelt, der einsetzen könnte, wenn sich das deutsche Volk je in der Situation befinden sollte, nicht mit einem Feind zu ringen.«[31] Damit das Szenario plausibel erscheint, muss Harris nicht nur den unwahrscheinlichen Fall annehmen, dass die Nationalsozialisten einer Beendigung des Krieges jemals zugestimmt hätten, er muss Hitler den Amerikanern auch eine Pattsituation abtrotzen und eine Friedensvereinbarung mit ihnen schließen lassen. Nach allem, was wir über Hitler wissen, waren Kompromisse ihm allerdings ein Gräuel. Er pflegte alles auf eine Karte zu setzen: Sieg oder Tod, den Triumph seines Willens oder völlige Auslöschung – dazwischen gab es für ihn nichts. Und in der Praxis wäre es aufgrund der enormen Ungleichheit der Ressourcen Deutschlands und der Vereinigten Staaten unwahrscheinlich gewesen, dass es in einem Krieg zwischen beiden je zu einer Pattsituation gekommen wäre, selbst wenn das »Dritte Reich« Großbritannien erobert und mit der Sowjetunion Frieden geschlossen hätte (ein weiteres unwahrscheinliches Szenario).[32] Die Veränderungen der Umstände, die Harris in seiner Phantasieerzählung voraussetzt, sind selbst für einen Roman schlicht zu zahl- und umfangreich, als dass man ihn als plausibles kontrafaktisches Szenario betrachten könnte.

Das Auftauchen euroskeptischer kontrafaktischer Szenarien im Großbritannien der neunziger Jahre widerspricht der Argumentation von Gavriel Rosenfeld, langfristig betrachtet sei in der britischen Sichtweise von Hitler und dem Nationalsozialismus ein Prozess der »Normalisierung« zu beobachten, der seinen Ausdruck im veränderten Charakter von Zukunftsfiktionen finde. Der Nazismus sei kein Gegenstand bloßer moralischer Entrüstung in Verbindung mit einer selbstbeweihräuchernden Darstellung des Widerstands der Alliierten gegen ihn mehr, und die Einstellungen zu einer kontrafaktischen nationalsozialistischen Zukunft und deren Darstellung würden komplexer und selbstkritischer. Rosenfeld wiederholt diese Argumentation in seinem Buch wie ein Mantra bei jeder denkbaren Gelegenheit.[33] Das ändert jedoch nichts daran, dass sie eine grobe Vereinfachung ist. Lügen gestraft wird sie von der rapiden Verschlechterung der Einstellung der Briten gegenüber Deutschland in den 1990er Jahren, die in der euroskeptischen Rhetorik zu einer Verschmelzung von Nationalsozialisten und Deutschen führte und eine neue Welle von Romanen und Spekulationen darüber lostrat, wie Europa ausgesehen hätte, wenn das »Dritte Reich« den Krieg gewonnen hätte. Da diese dramatische Verschlechterung der britischen Einstellung zu Deutschland und seiner Vergangenheit nicht zu Rosenfelds These passt, ignoriert er sie einfach.[34] Hinzu kommt, dass der Begriff »Normalisierung« im Grunde bedeutungslos ist – »normal« ist etwas nur in einem bestimmten historischen Kontext: war es in Großbritannien während des Zweiten Weltkriegs normal, sich vor einer von bösen Nazis dominierten europäischen Zukunft zu fürchten, so war es in britischen euroskeptischen Narrativen der 1990er Jahre normal zu glauben, dass diese Zukunft längst Gegenwart geworden sei oder doch unmittelbar bevorstehe. Im Übrigen wohnt dem Begriff der »Normalisierung« selbst eine Prophezeiung inne, impliziert er doch, wenn sich etwas »normalisiert« habe, werde es für alle Zeiten so bleiben. Es handelt sich insofern eher um ein metaphysisches als um ein historisches Konzept, das empirisch weder bewiesen noch widerlegt werden kann.

Deutlich macht die Darstellung von Rosenfeld auch, wie mit dem Begriff der »Normalisierung« veränderte Einstellungen in anderen Ländern unter den Teppich gekehrt werden. Kaum etwas ist in seinem Buch so wenig überzeugend wie die Behauptung, in den 1990er Jahren sei in Deutschland ein »schwindender Glaube an die Macht der Erinnerung und die Möglichkeit von Gerechtigkeit« zu beobachten gewesen, sowie eine »Sehnsucht nach der Normalisierung des Gedenkens an die NS-Vergangenheit«.[35] Denn nach dem Fall der Berliner Mauer, dem Zusammenbruch des Kommunismus und der Wiedervereinigung der beiden deutschen Teilstaaten waren die 1990er Jahre ganz im Gegenteil ein Jahrzehnt, das von der Wiederaufnahme von Verfahren gegen Kriegsverbrecher überall in Europa geprägt war, von einer Betonung des Holocaust im öffentlichen Gedenken in Europa und den USA, vom Welterfolg von Steven Spielbergs Film *Schindlers Liste*, von der Eröffnung von Holocaust-Gedächtnisstätten in vielen Ländern, der Umwandlung von in Vergessenheit geratenen KZ-Standorten in Zentren des Gedenkens und der Aufklärung, der Errichtung einer Gedenkstätte für die jüdischen Opfer des NS-Terrors mitten in der neuen deutschen Hauptstadt Berlin, sowie von der Aufdeckung der Komplizenschaft zahlreicher deutscher Unternehmen an NS-Verbrechen, von der Wehrmacht über die Ärzteschaft bis hin zum Auswärtigen Amt und seinen Diplomaten und darüber hinaus.[36] Problematisch an Rosenfelds Analyse ist nicht nur, dass sie sich auf das primitive und letztlich redundante Konzept der »Normalisierung« stützt; zugleich versäumt sie es, alternative Geschichtsdarstellungen – reale wie fiktive – in ihren jeweiligen historischen Kontext einzuordnen, einen Kontext, bei dem alles andere als eine vorhersagbare, lineare Entwicklung hin zu einem »Normalzustand« zu beobachten ist, sondern der im Lauf der Zeit vielmehr zahlreiche unerwartete Wendungen durchgemacht hat und weiterhin durchmacht.

Offensichtlich wird dieser Kontext in den vielen Versuchen, sich nach dem Krieg eine Welt auszumalen, in der es Hitler 1945 irgendwie gelungen ist, aus seinem Bunker in Berlin zu entkommen. In einer erheblichen Zahl dieser fiktiven Darstellungen steht, vor allem in den USA, die Aufarbeitung der von vielen empfundenen Enttäuschung darüber im Mittelpunkt, dass Hitler für seine Verbrechen nicht persönlich zur Rechenschaft gezogen wurde. Beispiele für die Erfüllung dieses Wunsches sind Bücher wie *The Trial of Adolf Hitler* von Philippe van Rjndt (New York 1978), *Operation Lucifer: The Chase, Capture and Trial of Adolf Hitler* von David B. Charnay (London 2001), der bei van Rjndt zahlreiche Anleihen nimmt, *The Asgard Solution* von James Marino (New York 1983), und *The Berkut* von Joseph Heywood (New York 1987), sowie, auf andere Weise, zahlreiche B-Movies und Comics, die die Gefahren des Versäumnisses aufzeigen, den noch lebenden Hitler vor Gericht zu stellen. Geschichten über Hitlers Überleben waren somit eingebettet in die politische Kritik des weitgehenden Versagens von Regierungen auf der ganzen Welt, Altnazis ihrer gerechten Strafe zuzuführen, eine Kritik, die nach der Wiederaufnahme von Kriegsverbrecherprozessen in den 1960er Jahren, wie dem Eichmann-Prozess in Jerusalem 1961 und den Auschwitzprozessen in Frankfurt ab 1963, lauter wurde.[37] Dagegen war der merkwürdige, kurze Roman *The Portage to San Cristóbal of A. H.* von George Steiner (London 1981) offenbar als Angriff auf die in den Jahren zuvor zu beobachtende Obsession mit Hitler gedacht, dem Erscheinen zahlreicher Bücher, Filme und Fernsehdokumentationen im Rahmen der sogenannten »Hitler-Welle«. Für Steiner spielt Hitler, der im amerikanischen Dschungel überlebt hat, Ende des 20. Jahrhunderts keine Rolle mehr. Anstatt sich permanent an ihn zu erinnern, sollten ihn die Menschen, insbesondere die Juden, Steiners Meinung nach vergessen, damit sie sich mit mehr Zuversicht und Optimismus der Zukunft zuwenden können.[38]

Etwas Anderes ist die jüngste Welle von Büchern, in denen behauptet wird, Hitler und (zumeist auch) Eva Braun seien aus dem Bunker geflohen und hätten ihren Tod nur vorgetäuscht. Diese Bücher nehmen für sich in Anspruch, auf Fakten, zum Teil gar auf gewissenhafter historischer Forschung zu beruhen. Auslöser der Mode war der britische Militärarzt W. Hugh Thomas, der mit seinem 1995 veröffentlichten Buch einiges Aufsehen erregte. Darin stellt Thomas es als erwiesen dar, dass es sich bei den 1945 im Garten der Reichskanzlei über dem Führerbunker gefundenen verkohlten menschlichen Überresten nicht um die von Adolf Hitler und Eva Braun gehandelt habe, und unterstrich diese Ansicht mit scheinbar plausiblen forensischen Beweisen in erheblichem Umfang. Seine Glaubwürdigkeit wurde von seinen Referenzen als medizinischer Experte unterstrichen. Allerdings hatte Thomas einige Jahre zuvor bereits behauptet, Hitlers Stellvertreter Rudolf Heß, der 1945 bei den Nürnberger Prozessen zu lebenslänglicher Haft verurteilt worden war und in Berlin-Spandau einsaß, sei in Wirklichkeit ebenfalls nicht der, als der er erschien. Und 2001 verkündete Thomas, auch der ehemalige SS-Führer Heinrich Himmler, der Augenzeugen zufolge 1945 Selbstmord beging, nachdem er von britischen Soldaten gefangen genommen und erkannt worden war, sei in Wirklichkeit ein anderer.[39] Thomas stieß eindeutig etwas zu häufig auf unerwartete Doppelgänger, und je mehr er davon auftat, desto unplausibler wurden seine Theorien. Um eine derartige Täuschung durchzuhalten, wären Verschwörungen von beträchtlichem Ausmaß nötig gewesen, und spätestens mit seinem Buch über Himmler wurde deutlich, dass Thomas' Büchern trotz seiner scheinbar ernsthaften Auseinandersetzung mit den medizinischen Fakten jede historische oder forensische Glaubwürdigkeit fehlte.

Über das Schicksal des wahren Heß, des wahren Hitler, der wahren Eva Braun oder des wahren Himmler hatte Thomas nicht viel zu sagen, doch diese Lücke wurde von verschiedenen anderen, kurz nach der Jahrtausendwende erschienenen Werken, wie zum Beispiel *Hitler's Escape* von Ron T. Hansig (London 2005), phantasievoll gefüllt. Und auch die jüngst veröffentlichten Nachforschungen zweier Journalisten, Gerrard Williams und Simon Dunstan, erregten einiges an Medieninteresse. In einem von vielen ähnlichen Medienberichten über das Buch und über Pläne zu einer gleichnamigen Dokumentation meldete ein Reporter der *Sun* aus Argentinien:

> Vor kurzem wurde einmal mehr die sensationelle These vorgebracht, Adolf Hitler sei seinem Schicksal im Führerbunker in Berlin entronnen und hier, in der Wildnis von Patagonien, alt geworden. In ihrem vergangenen Oktober erschienenen, heiß diskutierten Buch *Grey Wolf. The Escape of Adolf Hitler* schildern Gerrard Williams und Simon Dunstan, dass Hitler und seine Frau Eva Braun sogar zwei Töchter hatten, die vor ungefähr zehn Jahren noch gelebt haben. Die Autoren sind felsenfest davon überzeugt, dass Adolf Hitler und Eva Braun durch einen geheimen Tunnel aus dem Bunker geflohen sind und durch zwei Doppelgänger ersetzt

wurden, die an ihrer Stelle Selbstmord begangen haben. Dem Buch zufolge waren es die verkohlten Leichen dieser Doppelgänger, die von der vorrückenden Roten Armee entdeckt wurden. Im Rahmen des »größten Täuschungsmanövers aller Zeiten« seien Hitler und Braun anschließend in einem U-Boot nach Argentinien geflohen, wo sie in einem abgelegenen Haus bei Bariloche Zuflucht gefunden hätten. Dort soll der gepeinigte Führer seine Zeit damit zugebracht haben, Pläne für den Aufbau eines Vierten Reichs zu schmieden, bis er 1962 73-jährig gestorben sei und seine Überreste verbrannt und im Wind verstreut worden seien.

Die Beweislage, so die Autoren am 28. Oktober gegenüber der *Daily Mail*, sei »erdrückend«. Und auf *Sky News* sagten sie: »Wir wollten die Geschichte nicht umschreiben, aber die Beweise, die wir für die Flucht Adolf Hitlers gefunden haben, sind so überwältigend, dass man sie nicht von der Hand weisen kann. Weder für seinen Tod, noch für den von Eva Braun gibt es forensische Beweise, und die Augenzeugenberichte über ihr Weiterleben in Argentinien sind absolut glaubhaft.«

Das Problem war allerdings, wie Kritiker bemängelten, dass die Belege, anhand derer die Leser zentrale Behauptungen überprüfen könnten, vage ausfallen oder ganz fehlen. Außerdem werden die vielen Belege dafür, dass es sich bei den Leichen außerhalb des Bunkers um die von Hitler und Eva Braun gehandelt hat – wie zum Beispiel die mithilfe zahnärztlicher Unterlagen identifizierten Zähne Hitlers – von den Autoren stillschweigend übergangen oder vom Tisch gewischt, ebenso wie die zahlreichen Augenzeugenberichte von Mitgliedern von Hitlers Entourage, die Hugh Trevor-Roper unmittelbar nach dem Krieg zusammengetragen und in seinem Buch *Hitlers letzte Tage* (Hamburg 1947) veröffentlicht hat. Und schließlich haben die Autoren nichts unternommen, um ihrer These nachzugehen, Hitler und Eva Braun seien von zwei in Argentinien lebenden Töchtern überlebt worden. Einmal mehr haben wir es mit einer Theorie zu tun, die eine gigantische Verschwörung postulieren muss, in der Hunderte oder gar Tausende Historiker, Augenzeugen, Archive, Beamte, Ermittler, Journalisten und so weiter gemeinsam die Wahrheit unter Verschluss halten. Es zeugt nicht gerade von Hochschätzung für die Historikerzunft, dass die Autoren den Stand der historischen Forschung entweder als Ergebnis bewusster Täuschung oder als jämmerliches Versagen abtun, die richtigen Fragen zu stellen und die Wahrheit ans Licht zu bringen.

Methodisch ist derlei zweifelhafte historische »Forschung« eng verwandt mit dem Phänomen der politisch motivierten Holocaustleugnung, deren Vertreter mit beträchtlichem forensischem Einfallsreichtum zu beweisen versuchen, dass die Nationalsozialisten während des Zweiten Weltkriegs keine sechs Millionen Juden umgebracht hätten, dass es in Auschwitz keine Gaskammern gegeben habe, dass es nicht Hitlers Absicht oder Plan gewesen sei, die Juden zu vernichten, und dass die von Historikern zusammengetragenen Beweise, wonach all das der Fall war, allesamt eine Nachkriegserfindung einer von Juden angeführten Verschwörung seien. Die Beweggründe von Autoren wie Thomas oder William und Dunstan mögen weitgehend frei von politischen Absichten sein; von den Holocaustleugnern lässt sich das definitiv nicht behaupten. Sie hängen in der Regel einer antisemitischen, rassistischen, neonazistischen oder islamistischen, extremistischen Ideologie an und versuchen mit ihrer Forschung – die nicht selten im Gewand fußnotenbewehrter Gelehrsamkeit daher kommt und an Zentren mit seriös klingenden Namen wie »Institute for Historical Review« durchgeführt wird –, die Menschen davon zu überzeugen, dass es eine gigantische, finstere jüdische Verschwörung gebe, die Massenmedien, Historikerschaft, Regierungen, Universitäten und politische Parteien kontrolliere und dazu zwinge, die Wahrheit unter Verschluss zu halten und die Welt ihren Interessen entsprechend zu beherrschen.[40]

Von Verschwörungstheorien dieser Art, die oft auf der Behauptung beruhen, die allgemein akzeptierte Sichtweise sei die »offizielle« und daher nicht vertrauenswürdig, gibt es, so unglaublich es klingt, eine noch extremere Form: Bücher wie *The Omega Files. The Military-Industrial/Nazi/Alien Connection and the Infiltration of America by the Fourth Reich* von M. Robert K. Teske, Jr. (New York 2012). Im Werbetext heißt es:

> Was Sie hier lesen werden, ist brisant und wird bei manchen Menschen Anstoß erregen. Leser sind zur Diskretion angehalten. (ANMERKUNG: Wo immer das Wort »außerirdisch« auftaucht, können Sie es nach Belieben durch »dämonisch«, »gefallener Engel«, »okkult« oder »übernatürlich« ersetzen, denn alle diese Wörter wären angesichts des Inhalts dieses Manuskripts angemessen.) […] Wenn, wie J. Allen Hynek zu behaupten pflegte, mindestens jeder Vierzigste von der »außerirdischen/geheimen Regierung« entführt und »bearbeitet« worden ist – oder, wie neuere Quellen nahelegen, jeder Zehnte – dann kennen sie mit SICHERHEIT jemanden, der ein Entführter ist und das WEISS. Für DIESE LEUTE sind diese Informationen bestimmt. Für alle, die keine

> »UFO-Entführten« sind, sind die Informationen in dieser Akte dennoch außerordentlich wichtig und nützlich. Es könnte sein, dass sie Ihnen eines Tages das Leben retten!!! [...] Diese Akte enthält die komplexesten und geheimsten Details über eine weltweite Verschwörung, die ihre Wurzeln offenbar in einer militärisch-industriell-außerirdischen Zusammenarbeit hat. Diese trachtet offenbar danach, alle freiheitsliebenden Völker der Erde unter ihre Kontrolle zu bringen, indem sie eine meist als »Neue Weltordnung« bezeichnete, weltweite Regierung zu etablieren versucht.

Im Buch wird behauptet, die Nationalsozialisten hätten vor Kriegsende fliegende Untertassen gebaut, und die Führungsriege des »Dritten Reichs« sei mit deren Hilfe geflohen und verstecke sich seither in verschiedenen Teilen der Welt, unter anderem in der Antarktis, in unterirdischen Bunkern. Von dort aus versuchten sie, eine »Neue Weltordnung« zu errichten.

So phantastisch derlei Ideen auch erscheinen: Einer Ende März 2013 vom Institut Public Policy Polling durchgeführten Meinungsumfrage zufolge glauben »28 Prozent der amerikanischen Wähler, dass sich eine geheimnisvolle Machtelite mit globalistischer Agenda verschworen hat, um irgendwann mit Hilfe einer autoritären Weltregierung oder ›Neuen Weltordnung‹ die Welt zu beherrschen.« 29 Prozent glauben an die Existenz von Außerirdischen, und 21 Prozent sind überzeugt, dass 1947 in Roswell, New Mexico ein UFO abgestürzt ist und die US-Regierung den Vorfall vertuscht hat.[41] Bei Republikanern sind solche Ansichten häufiger als bei Demokraten (von denen nur 15 Prozent an die Theorie von der Neuen Weltordnung glauben. Allerdings sind 6 Prozent der Demokraten seltsamerweise überzeugt, Barack Obama sei der Antichrist; diese Zahl ist zwar deutlich niedriger als bei den Republikanern, von denen 20 Prozent dieser Auffassung sind, aber doch überraschend). Derlei Ansichten dienen als metaphorischer Ausdruck eines extremen Misstrauens gegenüber dem Staat, der symbolisch mit bösen Mächten wie dem Nazismus gleichgesetzt wird. Hand in Hand geht dieses Misstrauen mit der Überzeugung, der Staat und seine vermeintlich offiziell abgesegneten, beispielweise von Universitätsprofessoren und Forschern gelieferten Publikationen hielten die Wahrheit bewusst unter Verschluss, eine Wahrheit, zu der – dank ihrer tief schürfenden Forschungen und ihres Scharfsinns – nur wenige privilegierte Einzelne wie Teske, Hansig, Thomas, Williams und Dunstan Zugang hätten. Derartige spekulative oder fiktive (Pseudo-)Geschichten unterscheiden sich deutlich von kontrafaktischen Geschichtsdarstellungen und Fiktionen, sind jedoch unverkennbar mit diesen verwandt. Sie nehmen für sich in Anspruch, nicht Alternativen zum tatsächlich Geschehenen, sondern authentische Repräsentationen der historischen Wahrheit darzustellen. Der Grat zwischen beidem ist jedoch schmal und oftmals schwer zu erkennen.

So spielt, um ein eindeutiges Beispiel zu nennen, Philip K. Dicks Roman *Das Orakel vom Berge* (New York 1962) in einer imaginären Welt, in der Deutschland und Japan den Krieg gewonnen und die Beute, insbesondere Nordamerika, unter sich aufgeteilt haben. Gleichzeitig jedoch hat die Titelfigur des Romans einen kontrafaktischen Roman mit dem Titel *The Grasshopper Lies Heavy*[42] verfasst, die eine andere Version der Realität darstellt: Darin haben Deutschland und Japan den Krieg verloren, Hitler ist gefangen genommen, vor

Gericht gestellt und verurteilt worden, das britische Empire besteht weiter und in China haben die Nationalisten über die Kommunisten gesiegt. Am Ende von *Das Orakel vom Berge* stellen die Figuren fest, dass *The Grasshopper Lies Heavy* die Wahrheit erzählt und sie selbst fiktiv sind.[43] Von da ist es nur noch ein kleiner Schritt hin zu Science-Fiction-Geschichten, in denen der Zeitstrahl aufgrund widriger Umstände vom Kurs abgekommen ist, jedoch von Zeitreisenden, die zum Ausgangspunkt der Abweichung zurückkehren und alles in Ordnung bringen, wieder gerade gebogen werden kann. Die Verfasser solcher Romane geben sich oftmals große Mühe, ein realistisches Szenario zu entwerfen, etwa ein England des 20. Jahrhunderts, das nach dem Sieg der Spanischen Armada 1688 katholisch geblieben ist und in dem noch immer die Inquisition ihr Unwesen treibt, mehr oder weniger genau wie im frühneuzeitlichen Spanien.[44] Allerdings neigen Science-Fiction-Autoren dazu, völlig unhistorische oder sogar unmögliche Handlungselemente wie futuristische Technologien, Laserpistolen, Zeitmaschinen und ähnliches einzubauen und den Leser dadurch sehr weit vom kontrafaktischen Ausgangspunkt wegzuführen.[45]

Faktisches und Fiktives fließen also ineinander, genau wie bei vielen alternativen Geschichtsdarstellungen, die annehmen, Hitler habe bis in die Nachkriegszeit gelebt, oder auch die sehr viel selteneren, die eine Welt auszumalen versuchen, in der er vor der Machtergreifung gestorben ist, oder aber weitergelebt hat, ohne jemals Reichskanzler zu werden. Die allermeisten dieser Fiktionen sind Wunschdenken par excellence: Natürlich wäre es besser gewesen, wenn Hitler gar nicht erst Reichskanzler geworden oder wenn ihm nach dem Krieg der Prozess gemacht worden wäre. Einige Vertreter dieses Genres, insbesondere der

Schauspieler und Comedian Stephen Fry in seinem Buch *Geschichte machen* (Zürich 1997), widmen sich der tiefgründigeren Frage, welche Rolle persönliche und personenunabhängige historische Faktoren für den Aufstieg und Triumph des Nationalsozialimus im Einzelnen gespielt haben – und kommen gewöhnlich zu dem Schluss, dass alles auch ohne Hitler mehr oder weniger genauso gekommen wäre. Wie man diese Frage beantwortet, hängt nicht nur davon ab, inwiefern man glaubt, der Gang der Geschichte werde, zum Besseren oder zum Schlechteren, von bedeutenden Persönlichkeiten bestimmt, sondern auch davon, ob man die Verbrechen der NS-Zeit in erster Linie Hitler persönlich anlastet oder (wie Fry) eher das deutsche Volk in der Verantwortung sieht. Letztlich, das zeigt sich deutlich im Roman von Stephen Fry, dienen derlei phantastische Erzählungen – genau wie Darstellungen, Hitler habe den Krieg überlebt – in erster Linie der Unterhaltung. Hitler ist für uns so eng mit dem NS-Milieu, mit Massenkundgebungen und Militärparaden, Reden und Propaganda verbunden, dass es reizvoll ist sich vorzustellen, er habe im Exil ein mehr oder weniger konventionelles, bürgerliches Leben gelebt. Wir wissen jedoch aufgrund einer Vielzahl von Hinweisen, dass Hitler eine militärische Niederlage gar nicht überleben wollte. Er war im Innersten von der darwinistischen Logik vom Überleben der Angepasstesten überzeugt, derzufolge nach seinem Verständnis jeder gegen jeden um seine Existenz kämpft, und für den Fall seines Scheiterns (der ja tatsächlich eingetreten ist) bestand für ihn der einzige Ausweg im Opfertod – eine Überzeugung, die er mit Hunderten anderen nationalsozialistischen Führungsfiguren teilte, von Goebbels, Göring und Himmler über zahlreiche Generäle und Minister bis hin zu NS-Funktionären, die sich bei Kriegsende in einer der größten Selbstmordwellen der Geschichte allesamt das Leben nahmen.[46]

Im Bereich der Science Fiction sind alternative Geschichtsdarstellungen seit Langem ein Standardgenre, auf das seit 1995 jedes Jahr die öffentliche Aufmerksamkeit gelenkt wird, wenn die World Science Fiction Society die beiden »Sidewise Awards für alternative Geschichte« vergibt. Ihren Namen verdankt die Auszeichnung der Kurzgeschichte »Sidewise in Time« von Murray Leinster aus dem Jahr 1934. Darin tauschen bestimmte Teile der Welt 1935 mit ihren Entsprechungen aus anderen Zeitschienen Platz, mit der Folge, dass eine römische Legion aus einer Zeitschiene, in der das Römische Reich bis in die Moderne hinein Bestand hat, plötzlich vor St. Louis auftaucht, in einigen Gegenden der USA der Süden den Bürgerkrieg gewonnen hat und San Francisco vom zaristischen Russland besetzt ist. Die Geschichte gilt unter Science-Fiction-Anhängern als frühestes Beispiel für eine alternative Geschichtserzählung; in den Folgejahren fand sie eine ganze Reihe von Nachahmern und begründete damit ein eigenes Genre. Die Grenzen zwischen diesem Genre und der Welt der fiktionalen alternativen Geschichtserzählungen auf der einen, und imaginären Alternativweltgeschichten auf der anderen Seite (die für sich in Anspruch nehmen, Tatsachen wiederzugeben), sind in mancherlei Hinsicht fließend.[47]

Was alle diese Genres von ernsthafteren Versuchen der kontrafaktischen Geschichtsschreibung unterscheidet, ist die Konzentration auf Fragen der Kausalität, die für Letztere typisch ist, bei Ersteren dagegen in der Regel keine oder nur eine untergeordnete Rolle spielt. Kontrafaktische Geschichtsdarstellungen rücken die Auswirkungen einer einzigen Veränderung auf eine gegebene Kausalkette in den Vordergrund und beschreiben die ganze Reihe von Veränderungen des weiteren Verlaufs der Geschichte, die sich daraus ergeben. Alternativweltgeschichten postulieren einfach eine Parallelwelt zu der uns bekannten, ohne sich allzu lange mit der Frage aufzuhalten, wie diese entstanden ist. Auf medizinischen oder journalistischen Nachforschungen basierende alternative Geschichtsdarstellungen stellen eine ganz bestimmte historische Tatsache infrage und verwenden Hunderte Seiten darauf, zu »beweisen«, dass Hitler nach dem Krieg in Argentinien weitergelebt hat oder dass der »Rudolf Heß« in Spandau in Wirklichkeit ein anderer war, interessieren sich jedoch kaum dafür, welchen Unterschied diese Entdeckungen für den Gang der Geschichte im weiteren Sinne machen. Das Hauptinteresse sowohl der Leser als auch der Verfasser liegt auf der Schlüssigkeit des vermeintlichen Beweises an sich.

Dennoch gehören kontrafaktische Geschichtsdarstellungen im Grunde in die gleiche Kategorie wie jene anderen Ausgeburten der Phantasie, die eindeutiger als fiktional erkennbar sind, eine längere Erfolgsgeschichte vorzuweisen haben und schon lange vor dem Aufkommen kontrafaktischer Geschichtsdarstellungen in Mode waren. Der postmoderne Skeptizismus hat Schriftsteller jeder Couleur die Möglichkeit gegeben, sich auszumalen, wie es hätte gewesen sein können, und ihre Vorstellungen auf die eine oder andere Weise mit tatsächlichen historischen Ereignissen oder Persönlichkeiten zu verknüpfen. In allen diesen Genres geht der Leser einen unausgesprochenen Pakt mit dem Autor ein: Beide stellen ihre Zweifel hintan, weil sie wissen, wie reizvoll es ist sich vorzustellen, wie Hitler im Jahr 1964 in Argentinien ein kümmerliches Dasein fristet, oder wie viel politisches Potential darin liegt, Gegenwart und

Vergangenheit miteinander zu verschmelzen und sich auszumalen, wie die Briten sich der Eingliederung in ein von Nationalsozialisten dominiertes Europa widersetzen, oder wie bedauerlich es aus moralischer Sicht ist, dass sich Hitler nach dem Krieg nicht vor Gericht verantworten musste. Um zu beurteilen, ob kontrafaktische Darstellungen einen Beitrag zur Erforschung und Interpretation des tatsächlichen Verlaufs der Geschichte leisten können, müssen wir deshalb die besonders üppig ausgeschmückten Produkte der menschlichen Phantasie einen Augenblick beiseite lassen und versuchen, genauer auf den Punkt zu bringen, in welcher Beziehung kontrafaktische Szenarien zur Realität stehen.

KAPITEL 4
MÖGLICHE WELTEN

Kontrafaktische Geschichtsschreibung, oder zumindest das, was manche Historiker darunter verstehen, gibt es in vielen Erscheinungsformen, und diese gilt es voneinander zu unterscheiden, ehe man sich ein Urteil über ihre Nützlichkeit bildet. Politisch motivierte Phantasien, etwa dass führende Nationalsozialisten in geheimen, unterirdischen Bunkern überlebt hätten und dort Pläne für die Errichtung einer autoritären »Neuen Weltordnung« schmiedeten, sind, egal wie viele Menschen von ihnen überzeugt sind, eigentlich keine kontrafaktischen Geschichtsdarstellungen, weil sie kein echtes Interesse an Ursachen und Wirkungen zeigen. Dasselbe gilt für detailversessene pseudohistorische Untersuchungen, die zu beweisen vorgeben, dass Hitler nicht im Führerbunker umgekommen oder dass er nach Argentinien geflohen sei, gilt deren Interesse doch ausschließlich der behaupteten Tatsache, nicht ihren möglichen Konsequenzen. Als bösartige Veränderung der Vergangenheit mag man den Versuch Stalins werten, seinen einstigen Rivalen Trotski aus allen Fotos, die während und unmittelbar nach der bolschewistischen Revolution in Russland entstanden sind, herausretuschieren und seinen Namen durch stalinistische Historiker aus dem historischen Gedächtnis tilgen zu lassen – eine Praxis, der George Orwell in seinem Roman

1984 ein düsteres Denkmal gesetzt hat: Darin schreibt die Hauptfigur Winston Smith berufsmäßig alte Zeitungen um und schafft damit Fakten aus der Welt, die seinen politischen Vorgesetzten in der Gegenwart nicht genehm sind. Nachträgliche Geschichtsfälschung dieser Art ist jedoch streng genommen keine kontrafaktische Geschichtsschreibung, denn dabei geht es lediglich um das Umschreiben überlieferter Dokumente, nicht um ein alternatives Szenario, das durch eine einzige, kleine Veränderung entsteht. In eine ähnliche, verwandte Kategorie fällt Nathaniel Hawthornes Kurzgeschichte »P's Correspondence«. Darin stellt der Autor sich vor, Männer wie Napoleon, Byron oder Shelley wären zum Zeitpunkt der Entstehung der Geschichte (1845) nicht (wie in Wirklichkeit) gestorben, sondern noch am Leben.[1] Es handelt sich also schlicht um die Vorstellung von einer anderen Realität, ähnlich wie in *Gullivers Reisen* von Jonathan Swift oder *Utopia* von Thomas More. Dass die von Hawthorne beschriebenen Personen noch leben, ändert nichts an der allgemeinen Lage auf der Welt von 1845, sondern ist einfach für sich genommen interessant, genau wie satirische Alternativwelten wie Brobdingnag oder Lilliput an der realen Welt, in der ihre Erfinder lebten, nichts veränderten, sondern ihr nur ironisch den Spiegel vorhielten.

Auf den ersten Blick scheinen historische Romane in die Kategorie der kontrafaktischen Darstellung zu fallen. So setzte sich Sir John Wheeler-Bennett in seiner Einleitung zum Sammelband *If It Had Happened Otherwise* von Sir John Squire mit »imaginären Geschichtsdarstellungen« wie den parlamentarischen und politischen Fiktionen von Anthony Trollope und Benjamin Disraeli auseinander. Diese spielen, erkennbar an Institutionen wie den Houses of Parliament und an bekannten Persönlichkeiten wie Premierministern und Bischöfen, eindeutig in der Gegenwart oder in der nicht lange zurückliegenden Vergangenheit – im Fall von Trollope und Disraeli im viktorianischen England –, erzählten jedoch fiktive Ereignisse, die nie geschehen sind, und von fiktiven Figuren, die nie gelebt haben. Dasselbe lässt sich über viele andere Beispiele für dieses von Sir Walter Scott mit seinen einflussreichen Mittelalterromanen begründete Genre sagen. Wie Wheeler-Bennett sehr richtig feststellte, handelt es sich dabei jedoch nicht um kontrafaktische Romane, denn sie postulieren keinerlei Ursache für die Entstehung der von ihnen beschriebenen Parallelwelt. Auch nehmen weder diese Bücher noch historische Romane im weiteren Sinn irgendwelche bedeutenden Veränderungen am grundlegenden historischen Kontext vor. Sie erfinden Figuren, Dialoge und Charaktereigenschaften, lassen jedoch die wichtigsten historischen Ereignisse, Strukturen und Institutionen unangetastet. Tatsächlich geben sich die Verfasser historischer Romane meist große Mühe, möglichst »realistisch« zu schreiben, indem sie historische Standardwerke zur fraglichen Epoche konsultieren. Die ungemein erfolgreichen Romane über den Staatsmann und Politiker Thomas Cromwell von Hilary Mantel zum Beispiel haben nicht nur aufgrund der Brillanz von Stil, Charakterisierung und Struktur so viele Preise gewonnen und eine so große Leserschaft begeistert, sondern auch aufgrund ihrer Patina der historischen Authentizität.[2]

Aus demselben Grund kann man auch die vielen Romane nicht als kontrafaktisch bezeichnen, die vor dem Ersten Weltkrieg auf britischer Seite davor gewarnt haben, die deutsche Aufrüstung stillschweigend hinzunehmen (Romane, in denen Großbritannien von deutschen Truppen besetzt wird und unter dem eisernen Stiefel des deutschen Kaisers ächzt), ebenso wenig wie vergleichbare Romane aus den 1930er Jahren oder euroskeptische Romane aus den 1990er Jahren wie *Das Aachen Memorandum*, worin Andrew Roberts eine Zukunft beschreibt, in der die Beherrschung Großbritanniens durch die Europäische Union des 21. Jahrhunderts sich nicht allzu sehr von dem unterscheidet, wie die Beherrschung Großbritanniens durch ein nationalsozialistisches Deutschland im 20. Jahrhundert hätte aussehen können. Die von Roberts geschilderte dystopische Zukunft beruht zwar eindeutig auf einer realen dystopischen Vergangenheit, doch ihre Voraussetzungen liegen in der Zukunft und bedürfen keiner Veränderung des bereits Geschehenen.[3] Ganz ähnlich müssen Romane oder Essays, in denen eine verkehrte Realität als Ausgangspunkt für satirische Anmerkungen zur Gegenwart dient, wie im Fall der fiktiven Entdeckung und Eroberung Europas durch die Maya oder die Inkas, die Schriftsteller wie der Baske Unamuno oder der Mexikaner Fuentes geschildert haben, den Strom der Zeit nicht umleiten, sondern lediglich die Realität in ihr Gegenteil verkehren.[4] In echten kontrafaktischen Szenarien, historischen wie fiktionalen, werden dagegen stets (mitunter weitreichende) historische Folgen von veränderten *historischen* Ursachen abgeleitet.

Das Ergebnis könnte in den meisten Fällen banaler kaum sein. Jeremy Black zum Beispiel beschäftigt sich in seinem Buch ausschließlich mit Darstellungen, wonach alles auch anders hätte kommen können, und das, betont Black gebetsmühlenartig, mache deutlich, dass die Zeitgenossen nicht gewusst hätten, was als nächstes passiert, und daher über ein beträchtliches Maß an Entscheidungsfreiheit verfügt hätten. »Herrschern und Ministern«, so Black, habe es »freigestanden, sich über den normativen Charakter einer Politik, die auf dem wohlverstandenen nationalen Interesse beruht, hinwegzusetzen«,[5] oder besser ausgedrückt: ihr Verständnis des nationalen Interesses stimmte nicht unbedingt mit dem anderer Leute überein. Worauf es in unserem Zusammenhang jedoch ankommt ist: Wenn wir die Faktoren, die ihre Entscheidungfreiheit eingeschränkt haben, ausklammern, vermitteln wir das gänzlich unzutreffende Bild, sie seien in ihrer Entscheidung völlig frei gewesen. Ja, eine Herrscherin wie die russische Zarin Katharina die Große konnte es sich leisten, ihre Politik urplötzlich zu ändern; aber nur innerhalb der Grenzen des Akzeptablen. Nicht wenige russische Zaren wurden ermordet, weil sie diese Grenzen überschritten hatten. Zu einem anderen Beispiel, nämlich Fergusons Analyse des Ausbruchs des Ersten Weltkriegs, merkt Aviezer Tucker an: »Ferguson konstruiert historische Akteure, die im luftleeren Raum handeln und vom allgemeinen kulturellen und wirtschaftlichen Kontext abgekapselt sind – einem Kontext, der sie daran hinderte, Entscheidungen zu treffen, wie Ferguson es getan hätte«, so er Asquiths Regierung angehört hätte.[6] Damit das kontrafaktische Szenario funktioniert, müssen einzelne Entscheidungsträger hier einmal mehr, und wenig überzeugend, als frei flottierende Akteure dargestellt werden. Betrachtet man den größeren Kontext, in dem Sir Edward Grey die Entscheidung zum Kriegseintritt 1914 in Wirklichkeit getroffen hat, so wäre es sehr wahrscheinlich gewesen, dass Großbritannien früher oder später ohnehin in den Krieg eingegriffen hätte, selbst dann, wenn einige Minister, die gegen eine militärische Auseinandersetzung mit Deutschland waren, zurückgetreten wären und die liberale Regierung gestürzt wäre.

Jeremy Blacks Verständnis des »Kontrafaktischen«, das auf nicht mehr hinausläuft als die *Möglichkeit*, dass alles auch anders hätte kommen können, erleichtert es uns in keiner Weise zu erklären, wie oder warum es gekommen ist, wie es gekommen ist. Das liegt nicht zuletzt daran, dass Black kontrafaktischen Szenarien, die »Antworten« geben, jene vorzieht, die von »Komplexität und Unbestimmtheit« geprägt sind. Bei näherem Besehen sind seine kontrafaktischen Szenarien gar nicht wirklich kontrafaktisch, zumindest nicht in dem Sinne, wie die meisten anderen Vertreter des Genres den Begriff verwenden. Sie »sensibilisieren uns für die Rolle der Kontingenz« – wenn das jedoch das einzig Positive ist, was man über sie sagen kann, so ist das ziemlich dürftig.[7] Einmal mehr liegt hier eine Verwechslung von Kontrafaktizität und Kontingenz vor. Andere Beiträge zu Sammlungen mit kontrafaktischen Essays gehen den umgekehrten Weg und enthalten sich jeglicher Spekulation. So weist Tucker beispielsweise darauf hin, dass der im Sammelband von Ferguson erschienene, auf archivalischen Quellen beruhende Essay von Michael Burleigh über die Pläne der Nationalsozialisten für Europa gar kein kontrafaktisches Szenario ist, weil Burleigh kein Wort darüber verliert, was sich am Fortgang des Krieges hätte ändern müssen, damit diese Realität geworden wären.[8] Eine sehr viel umfangreichere Kategorie von Essays stellen in so geringem Ausmaß Spekulationen an, dass es sich kaum lohnt, sie als kontrafaktische Szenarien zu analysieren: Die zahlreichen militärgeschichtlichen Essays, die sich um die Frage drehen, dass eine bestimmte Schlacht auch anders hätte ausgehen können. Die umfangreichste Sammlung dieser Art ist der 1977 veröffentlichte Band *If the Allies Had Fallen*, den Dennis E. Showalter und Harold C. Deutsch herausgegeben haben. In nicht weniger als sechzig Essays diskutieren Militärhistoriker darin kontrafaktische Szenarien von der Frage, was wohl passiert wäre, wenn es den Briten im Zweiten Weltkrieg nicht gelungen wäre, den deutschen Funkverkehr zu entschlüsseln, bis hin zu: »Was wäre geschehen, wenn Stalin dem Rat von Boris Schaposchnikow gefolgt wäre und sich zur Verteidigung der Sowjetunion auf die Stalin-Linie konzentriert hätte?« Viele dieser Szenarien sind unrealistisch (etwa die Frage, was geschehen wäre, wenn Hitler seine Generäle tun hätte lassen, wofür sie bezahlt wurden, anstatt sich ständig einzumischen). Im Wesentlichen sind diese zumeist sehr kurzen Essays darauf ausgerichtet, Strategien und Taktik des Zweiten Weltkriegs neu aufzurollen und dabei Fehler aufzudecken – oder, seltener, zu betonen, dass die Beteiligten die richtige Entscheidung getroffen haben.Einen ganz anderen Stil und eine ganz andere Stoßrichtung entwickelt eine andere Unterkategorie der kontrafaktischen Spekulation, die in Großbritannien höchst populär ist und sich auch in den USA einer gewissen Beliebtheit erfreut: Spekulationen darüber, was wohl passiert wäre, wenn ein bestimmter Politiker anstelle des realen Amtsinhabers Premierminister oder Präsident geworden wäre. Der rührige konservative Verlag Politico hat aus derlei Phantasien eine regelrechte Industrie gemacht. Duncan Bracks Sammlung *President Gore … and Other Things That Never Happened* enthält 19 Essays zu einzelnen Politikern, die überwiegend in die Kategorie Wunschdenken fallen: Al Gore wird im November 2000 US-Präsident und geht einem Irakkrieg aus dem Weg, der liberale Staatsmann Gustav Stresemann stirbt 1929 nicht, sondern lebt weiter und rettet die Weimarer Republik, und die Kugel von Gavrilo Princip verfehlt in Sarajewo den Erzherzog Franz Ferdinand, mit der Folge, dass das 20. Jahrhundert sehr viel weniger katastrophal verläuft als in Wirklichkeit. Der 2003 von Duncan Brack und Iain Dale herausgegebene Band *Prime Minister*

Portillo … and Other Things That Never Happenend beschränkt sich auf britische Politiker und liefert die übliche Mischung aus Wunschdenken und dessen Kehrseite, gespickt mit nicht wenigen Essays, die zum Schluss kommen, dass sich kaum etwas geändert hätte, wenn beispielsweise Ted Heath 1974 die Wahl gewonnen oder Margaret Thatcher 1979 die Wahl verloren hätte. Mehr oder weniger dasselbe gilt für den von den selben Herausgebern verantworteten Sammelband *Prime Minister Boris … and Other Things That Never Happened* (London 2011). All diese Sammlungen bestehen zwar aus kontrafaktischen Szenarien, konzentrieren sich jedoch ausschließlich auf einzelne Persönlichkeiten, nehmen das, was über sie bekannt ist, peppen es eventuell ein wenig auf und leiten dann – in der Überzeugung, dass Persönlichkeit alles ist – von einer Veränderung des persönlichen Schicksals dieser Leute (mit einigen Ausnahmen) weitreichende Folgen ab. Etwas anders verhält es sich mit *The Prime Ministers Who Never Were* von Francis Beckett, der darin bestimmte britische Politiker in der Downing Street einziehen lässt. Das Personal besteht aus den üblichen Verdächtigen, wie Oswald Mosley, der die Europäische Union begründet, oder Lord Halifax, der seine posthumen Kritiker Lügen straft und beschließt, den Kampf gegen Hitler fortzusetzen. Wenn man die oftmals geistreichen und provokativen Beiträge zu all diesen Sammelbänden liest, kann man sich des Eindrucks nicht erwehren, dass sie zuvorderst als leichte Unterhaltung für Bildungsbeflissene, und vielleicht auch als implizite Ermutigung für aufstrebende Politiker gedacht sind.

Bei aller Betonung der Ernsthaftigkeit ihrer Absichten haben die neuen Anhänger kontrafaktischer Darstellungen – zum Glück der Leser – keinerlei Vorbehalte, ihre Argumentation unterhaltsam darzubieten oder ihre Spekulationen mit einer gehörigen Portion Witz und Humor zu garnieren. Rezensenten des Sammelbandes von Roberts nannten alle zwölf Essays »gelungen« und »unterhaltsam«, priesen ihren »spielerischen« Charakter und bezeichneten das Buch als »eine Hymne auf das Zufällige und Unberechenbare«.[9] Selbst in die nüchternsten kontrafaktischen Szenarien schleicht sich Humor ein, etwa wenn Holger Herwig die Deutschland unterstellte britische Kollaborationsregierung William Joyce (alias »Lord Haw-Haw«) zum Generaldirektor der BBC ernennen lässt.[10] Eindeutig zu Unterhaltungszwecken ist die Serie von vierzig kontrafaktischen historischen Essays gedacht, die Dominic Sandbrook 2010/11 für den *New Statesman* schrieb. (Der einzig ernsthafte Essay, der letzte der Serie, ist ungefähr viermal so lang wie alle anderen und prophetischer Natur, auch wenn er als pseudohistorischer Artikel über Premierminister Cameron aus der Perspektive von 2015 geschrieben ist.) Sandbrook deckt die gesamte Zeitspanne seit Beginn der Aufzeichungen ab: Zu Beginn lässt er Ägypten Rom ablösen, nachdem Oktavian die Schlacht bei Actium verloren hat (»langfristig war der Aufstieg Ägyptens unvermeidlich«), und zu gegebener Zeit lässt er die von der »Dummheit, Trägheit und generellen Minderwertigkeit« der Europäer überzeugten Afrikaner in einen »Wettlauf um Europa« eintreten. Wilhelm der Eroberer verliert die Schlacht bei Hastings, woraufhin die Angelsachsen bis hin zur Regierung von »Chief Ealdorman Aedgifu Thatcher« die Oberhand behalten und Großbritannien sich unerschütterlich seine Unabhängigkeit vom Rest Europas bewahrt (möglicherweise ein Hauch von euroskeptischem Wunschdenken). Heinrich V. von England erreicht ein hohes Alter, erobert Frankreich (noch mehr Wunschdenken) und macht Jeanne d'Arc zu seiner Geliebten (klar), doch die Herrscher des vereinigten englisch-französischen Königreichs verlieren den Kontakt zum gemeinen Volk und werden 1789 abgesetzt, als ein republikanischer Mob unter der Führung von Charles James Fox zum Sturm auf den Tower of London anhebt. In zwei von Sandbrooks Phantasieerzählungen triumphiert in England, an dessen Spitze in der Gegenwart »Kardinal Dawkins« steht, der Katholizismus, doch dadurch kommt es nicht zur Industrialisierung, und das Land durchlebt einen »Albtraum: den Bürgerkrieg der 1930er Jahre, die von der Linken verübten Massaker an Priestern und Nonnen, sowie den reaktionären Gegenschlag während der langen, ultraklerikalen Herrschaft von Präsident Muggeridge« (die genaue Umkehrung des Wunschdenkens, dem sich jene gerne hingeben, die sich ein Scheitern des Protestantismus im frühneuzeitlichen England ausmalen).[11]

Das ist alles sehr spaßig, und Sandbrooks Entschlossenheit, dass das auch so bleiben soll, zeigt sich darin, dass er Themen, bei denen es zu ernst werden könnte (wie eine mögliche Besetzung Großbritanniens durch das »Dritte Reich«), tunlichst meidet. Je näher seine unterhaltsamen kontrafaktischen Szenarien an die Gegenwart heranrücken, desto mehr konzentriert er sich auf die britische Politik. Den gewünschten Effekt erzielt er häufig mit geistreichen Umkehrungen des Geschehenen, geschickten Parallelen zur Gegenwart und unerwarteten Wendungen. Man sollte diesen brillanten, klugen Kurzessays nicht mit einem Übermaß an analytischem Eifer zu Leibe rücken. Dennoch ist auffällig, dass Sandbrook in der Regel keine kontrafaktischen Szenarien in dem Sinne entwirft, dass eine Veränderung in der Ereigniskette eine ganze Reihe weiterer Veränderungen nach sich zieht, die sich zumindest mit einem gewissen Grad an Plausibilität daraus ergeben, sondern eine Parallelgeschichte, in der sich zum Beispiel Oliver Cromwells Sohn Richard (alias »Farmer Dick«) nicht aufs Land zurückzieht, sondern anstelle von Charles II. als »Merry Monarch« den Königsthron besteigt, dieser in den 1820er Jahren vom »zügellosen George Cromwell« (dem Gegenstück zu George IV.) und im frühen 20. Jahrhundert von einem »beschwipsten, zu Seitensprüngen neigenden Herbert Henry Cromwell« (das Gegenstück zu H. H. Asquith, dem tatsächlichen Premier jener Zeit) beerbt wird, bis sich schließlich in den Vorwahlen für das von Oliver Cromwell im 17. Jahrhundert eingeführte Präsidentenamt »zwei Cromwells, Praise-God und Ed« gegenüberstehen (die Gebrüder David und Ed Miliband natürlich, die 2010 um die Führung der Labour-Partei rangen).[12]

Sandbrook folgt in dieser langen Serie von Kurzessays dem Verfahren Niall Fergusons im Nachwort zu *Virtual History*, einer Alternativgeschichte der Jahre 1646 bis 1996, dem Jahr der Fertigstellung des Buches. Darin macht Ferguson sich einen Spaß daraus, all die »Deterministen« anzugreifen, die behaupten, der von ihm beschriebene alternative Verlauf der Geschichte sei unausweichlich gewesen. Indem er die Geschichte, wie sie sich unseres Wissens ereignet hat, in seinem Nachwort als eine Serie von »kontrafaktischen Szenanrien« darstellt, betont er wiederholt den Zufallscharakter einzelner Ereignisse. Seine Erzählung beginnt mit einem Sieg der Königstreuen im Englischen Bürgerkrieg, woraufhin die Stuarts konstitutionelle Monarchen werden, denen es dank ihrer politischen Flexibilität und ihres militärischen Geschicks gelingt, die amerikanischen Kolonien zu behalten. Aufgrund von Finanzreformen kann die Französische Revolution verhindert werden, und die Industrialisierung trägt das ihre zur Besänftigung der Arbeiterklasse bei, indem sie den allgemeinen Lebensstandard hebt. Marx wird ein »millenaristischer jüdischer Prophet« und Lenin ein orthodoxer Priester (der später als deutscher Spion hingerichtet wird). Das Heilige Römische Reich wird im Rahmen eines österreichisch-preußischen Bündnisses reformiert, hat als dezentrale Föderation durch das gesamte 19. Jahrhundert hindurch Bestand und geht 1915 siegreich aus dem Ersten Weltkrieg hervor, nachdem Großbritannien neutral geblieben ist. Das Ergebnis ist eine »Europäische Union«, die die Integrität des britischen Empire respektiert, aber dennoch unter den Einfluss der Nationalsozialisten gerät. Diese wandeln sie in einen »Führerstaat« um, erobern Frankreich, besetzen Großbritannien und zwingen die Briten, der neuen »Deutsch-Europäischen Union« beizutreten. In Osteuropa kann Deutschland Russland besiegen, doch der Tod Hitlers durch die von Graf Stauffenberg platzierte Bombe untergräbt die deutsche Moral, Russland geht unter dem orthodoxen Patriarchen Dschughaschwili (Stalin) zum Gegenangriff über, die Japaner sorgen für den Kriegseintritt der USA, aber die Invasion in der Normandie scheitert und am Ende kontrollieren die Russen ganz Europa. Was Großbritannien betrifft, so verliert Margaret Thatcher den Falklandkrieg und wird von Michael Foot abgelöst, dessen katastrophale Amtsführung als Premierminister dem wirtschaftlichen und politischen Zusammenbruch des Westens Tür und Tor öffnet, so dass nicht nur das transatlantische Bündnis, sondern auch das Vereinigte Königreich in seine Einzelteile zerfällt. Damit ist der Weg frei für die Vorherrschaft des Ostens.[13]

Indem sie die von den anderen Essays des Buches gesponnen Fäden geschickt miteinander verwebt, regt diese höchst unterhaltsame Erzählung den Leser immer wieder zum Schmunzeln an. Allerdings läuft das Nachwort dem allgemeinen Tenor des Sammelbandes in mehrerlei Hinsicht zuwider. Erstens ist es unverkennbar ein reines Gedankenspiel im Stil der Sammlung von Sir John Squire (dieser in punkto Unterhaltungswert allerdings weit überlegen). Fergusons erklärte Absicht war es seiner Einführung zufolge jedoch, derlei spielerische Ansätze hinter sich zu lassen und kontrafaktische Szenarien als ernstzunehmendes Werkzeug des Historikers zu etablieren.[14] Zweitens ist das im Nachwort Gebotene kein kontrafaktisches Szenario, in dem die Veränderung eines Ereignisses oder Umstands über eine scheinbar logische Kette von Konsequenzen einige Zeit später zu einer veränderten Lage der Dinge führt, sondern, genau wie die Essays von Sandbrook, eine *Parallel*geschichte, die das tatsächlich Geschehene widerspiegelt, aber konsequent in das Gegenteil verkehrt. Ferguson wirft die Kausalität über Bord und verschwendet keinen einzigen Gedanken auf die Frage, wie eine Veränderung im Ereignisablauf sich auf andere Ereignisse ausgewirkt hätte. Beispielsweise behauptet er einfach, wenn Charles I. im 17. Jahrhundert die Oberhand behalten hätte, wäre Großbritannien über kurz oder lang zu einer konstitutionellen Monarchie geworden, liefert aber keine Gründe, weshalb es so gekommen wäre. Dieses Vorgehen ist unumgänglich, damit die Geschichte einigermaßen auf Kurs bleibt, und auch der Erste und Zweite Weltkrieg müssen stattfinden, weil sich die Erzählung sonst zu weit vom tatsächlichen Gang der Ereignisse entfernen und diesen nicht mehr widerspiegeln würde. Gleichzeitig ist dieses Verfahren aber vollkommen willkürlich, blendet es doch sowohl denkbare Kausalketten als auch den Einfluss des Zufalls aus.

So geht beispielsweise Argentinien in der »virtuellen Geschichte« Fergusons 1982 siegreich aus dem Falklandkrieg hervor. Aber der Punkt ist doch: Hätte Charles I. im 17. Jahrhundert die Anhänger des Parlaments besiegt, so ist davon auszugehen (auch wenn es im Einzelnen nicht voraussagbar ist), dass sich die Dinge in den folgenden drei Jahrhunderten so entwickelt hätten, dass der Falklandkrieg nie stattgefunden hätte. Denn ein Ereignis wie der Falklandkrieg ist das Produkt ganz spezifischer historischer Umstände, zu denen es ohne eine ganze Reihe anderer historischer Umstände gar nicht gekommen wäre; wir haben es mit anderen Worten mit einer langen Kausalkette zu tun. Hätte Charles I. die Anhänger des Parlaments besiegt, so wäre Margaret Thatcher 340 Jahre später wahrscheinlich gar nicht britische Premierministerin geworden, weil die Bedingungen, unter denen Frauen wählen, für das Parlament kandidieren und Vorsitzende einer politischen Partei werden konnten, vielleicht nie eingetreten wären. Nimmt man eine Veränderung an einem Teil des Kaleidoskops der Geschichte vor, so hat das völlig unabsehbare Folgen für alle anderen. Ferguson wirft in dieser Darstellung alle Regeln und Mahnungen über Bord, die er in seiner Einführung so sorgfältig ausgearbeitet hat, und ergeht sich in wilden historischen Spekulationen.

Und diese Spekulationen sind nicht wertfrei. Ein kontrafaktisches Szenario, in dem das (von den Stuarts regierte) britische Empire (unter Einschluss von Nordamerika) ebenso bis zum Ende des 20. Jahrhunderts Bestand hat wie das Heilige Römische Reich, und in dem die Französische Revolution, die Russische Revolution und einiges mehr nie stattgefunden haben, ist konservatives Wunschdenken höchsten Grades. Aviezer Tucker ist zwar der Auffassung, Ferguson erschaffe mit der Ausarbeitung dieser Ideen »eine Art persönliche Utopie«,[15] die Darstellung enthält jedoch auch negative Elemente, allen voran die Niederlage im Falklandkrieg, die desaströse Regierungszeit von Premier Michael Foot und, als ominöse Warnung für die Zukunft, den Aufstieg des Ostens. In der Darstellung der Europäischen Union als erweitertes Deutsches Reich bricht sich einmal mehr der konservative Euroskeptizismus Bahn, aber am Ende sorgt das Wunschdenken für seine Zerstörung. Derlei Phantasterei bewegt sich weit jenseits dessen, was im Entferntesten plausibel ist; aber das soll es zweifelsohne ja auch gar nicht sein. Um nur eine Handvoll Beispiele herauszugreifen: Ein Sieg der Stuarts im 17. Jahrhundert hätte wohl kaum zu einer konstitutionellen Monarchie geführt, es sei denn, es wären tiefgreifendere soziale und wirtschaftliche Kräfte hinzugekommen. Ein absolutistisches, von den Stuarts regiertes England wäre wohl kaum der richtige Nährboden für die industriellen, politischen, wissenschaftlichen, technischen und nicht zuletzt soziopolitischen Errungenschaften gewesen, die Großbritannien im 19. Jahrhundert in die Lage versetzten, ein Weltreich zu beherrschen.

Ein von den Nationalsozialisten dominiertes Europa hätte es 1940 wie bereits erwähnt kaum zugelassen, dass das britische Empire unverändert fortbesteht; da hatte bereits das sehr viel schwächere Deutschland des Kaisers in den 15 Jahren vor seinem mutmaßlichen Sieg im Ersten Weltkrieg Anderes im Sinn. Ein Blick in die zeitgenössischen Quellen offenbart, dass Michael Foot ebenso viel persönliches und politisches Kapital in den Falklandkrieg investiert hatte wie Margaret Thatcher, so dass auch er eine Niederlage nicht unbeschadet überstanden hätte (wobei man auch vermuten könnte, dass Thatcher in diesem Fall bei der nächsten Wahl einen Mitleidsbonus eingeheimst hätte). Außerdem widerspricht Fergusons Parallelgeschichte einer Reihe von kontrafaktischen Thesen, die er an anderer Stelle formuliert hat. So stellt er, wie wir gesehen haben, in seinem eigenen Beitrag zum Sammelband die Hypothese auf, ein Sieg Deutschlands im Ersten Weltkrieg hätte die weitverbreitete Verbitterung und die wirtschaftlichen Katastrophen verhindert, die der Weimarer Republik zum Verhängnis wurden und Hitler an die Macht brachten; in seinem Nachwort lässt er Hitler aber trotzdem an die Macht kommen. Selbst wenn man das Nachwort nicht allzu ernst nimmt: dieser Widerspruch zeigt, wie willkürlich derlei Spekulationen sind.

Genährt wird dieser Verdacht der Willkürlichkeit auch von kontrafaktischen Essays, die von einer geänderten Ausgangsbedingung aus alternative Geschichtsverläufe schildern, anstatt eine in sich stimmige Argumentation für eine bestimmte Reihe von Konsequenzen zu liefern. So präsentiert beispielsweise die katholische Historikerin Antonia Fraser im Sammelband von Roberts zunächst ein »optimistisches« Szenario, wonach der Erfolg des »Gunpowder Plot« von 1605, also die erfolgreiche Tötung des Königs und aller Parlamentarier, zur Inthronisierung einer neuen Königin, Elisabeth II. geführt hätte (der sogenannten »Winterkönigin«, die 1619 kurz nach Ausbruch des Dreißigjährigen Krieges als Gemahlin des wenig später wieder abgesetzten protestantischen pfälzischen Kurfürsten kurzzeitig zur Königin von Böhmen gekrönt wurde), zur Aussöhnung zwischen Katholiken und Protestanten, zur Festschreibung religiöser Toleranz und zur Zementierung eines engen Bündnisses mit Frankreich – alles Argumente der Kategorie »Wunschdenken«. In einem »pessimistischen« Szenario dagegen, gesteht Fraser unter Verweis auf das »unerbittliche Voranschreiten der Geschichte« ein, wären die religiösen Konflikte weitergegangen.[16]

Noch überraschender ist, wie viele kontrafaktische Spekulationen am Ende zu dem Schluss kommen, dass sich langfristig gar nichts geändert hätte. Im Buch von Ferguson beschreibt John Adamson, dass ein Sieg Charles I. im Englischen Bürgerkrieg angesichts der starken Kräfte, die auf die zunehmende Macht des Parlaments hinwirkten, letztlich kaum einen Unterschied gemacht hätte – und impliziert damit, der Bürgerkrieg und die Hinrichtung Charles I. seien historisch unnötig gewesen. Genau wie in Antonia Frasers Essay kommt hier ein gerütteltes Maß an Wunschdenken zum Tragen, aber auch das Eingeständnis, dass zufällige Ereignisse auf den Gang der Geschichte nur begrenzt Einfluss haben – ein Eingeständnis, das im eklatanten Widerspruch zur Erklärung des Herausgebers steht, Kontingenz und Zufällen komme in der Geschichte eine überragende Bedeutung zu.[17] Anne Somerset glaubt, dass die Eroberung Englands durch Philip II. nach der erfolgreichen Landung der Spanischen Armada 1588 letztlich kaum einen Unterschied gemacht hätte: Die Rückkehr zum Katholizismus richtet wenig Schaden an, die englische Unabhängigkeit bleibt gewahrt, das Parlament tritt zusammen wie eh und je, und Shakespeare schreibt seine meisterhaften Dramen. Bei Simon Sebag Montefiore gerät Stalin in Panik, als die Deutschen im Juni 1941 die Sowjetunion angreifen und sechs Monate später vor den Toren Moskaus stehen. Stalin flieht aus der Hauptstadt (tatsächlich beschloss er nach langem Zögern zu bleiben, aber es war eine sehr knappe Entscheidung), woraufhin auch die sowjetischen Streitkräfte Moskau aufgeben. Außenminister Molotow und das Politbüro lassen Stalin jedoch verhaften und erschießen, Molotow wird sein Nachfolger, der große General Marschall Schukow startet eine erfolgreiche Gegenoffensive, und die Rote

Armee gewinnt den Krieg trotzdem. Molotow bleibt bis zu seinem Tod 1986 im Amt, dann wird er von Michail Gorbatschow abgelöst, der Reformen durchführt, die das Ende der Sowjetunion einläuten. Dass Stalin im Dezember 1941 aus Moskau flieht, macht mit anderen Worten langfristig keinen Unterschied. Genauso greifen im von Conrad Black entworfenen Szenario die Japaner zwar Pearl Harbor nicht an, die Amerikaner treten aber trotzdem in den Krieg gegen die Achsenmächte ein. Und Jonathan Haslam kommt zu dem Schluss, der Kalte Krieg hätte aus geopolitischen Gründen auch ohne die ideologische Konfrontation zwischen der Sowjetunion und dem Westen stattgefunden.

Der Beitrag vieler dieser Essays zur Untermauerung der These, kontrafaktische Darstellungen seien ein Mittel zur Überwindung des »Determinismus« (sprich der Tendenz, allgemeinen historischen Kräften Priorität gegenüber kleineren, individuellen, zufälligen und kontingenten Ereignissen und Umständen einzuräumen), hält sich also in Grenzen. Dazu passt, dass trotz Fergusons Kritik am Wunschdenken mehrere Beiträge zu seinem Sammelband, und eine ganze Reihe der Essays im von Roberts herausgegebenen, geradewegs in die Falle tappen und sich ausmalen, dass alles besser gewesen wäre, wenn es anders gekommen wäre. In seinem Beitrag zur Sammlung von Roberts stellt sich der konservative englisch-polnische Historiker Adam Zamoyski eine Welt vor, in der es nach dem Sieg Napoleons über Russland 1812 keinen Sozialismus und keinen Nationalismus gibt, die Kriege auslösen könnten, und in der Russland an den Rand Europas zurückgedrängt ist und daher keine Möglichkeit hat, Polen zu unterdrücken, wie es das in Wirklichkeit im gesamten 19. und über weite Strecken des 20. Jahrhunderts getan hat. Immerhin ist Zamoyski unparteiisch genug, um eine Zukunft zu zeichnen, in der Europa zwar wirtschaftlich erfolgreich und in einem der Europäischen Union erstaunlich ähnlichen Bündnis vereint ist, aber von einem bürokratischen System gelähmt wird, das jede unternehmerische oder kulturelle Initiative im Keim erstickt. Ein Wiedersehen mit dem in Zamoyskis Essay so offensichtlichen euroskeptischen Wunschdenken gibt es bei Norman Stone, der mutmaßt, nach einem Scheitern des Attentatsversuchs auf Erzherzog Franz Ferdinand in Sarajewo 1914 wäre das Osmanische Reich nach einiger Zeit blutig in sich zusammengestürzt und von Großbritannien und Russland unter sich aufgeteilt worden (was den Rückzug Russlands aus Europa und eine Konsolidierung des britischen Empire zur Folge gehabt hätte). Die leer ausgegangenen Deutschen und Franzosen schließen sich zu einem Wirtschaftsbündnis zusammen, das (einmal mehr) Ähnlichkeiten mit der Europäischen Union unserer Tage aufweist, während Großbritannien außen vor bleibt und sich zu einer prosperierenden Weltmacht entwickelt – ein weiteres Beispiel für eine euroskeptische, kontrafaktische historische Phantasie. Andrew Roberts lässt Lenin 1917 einem Attentat zum Opfer fallen, die Bolschewiken einen gemäßigteren Kurs als in der Realität einschlagen, den liberal eingestellten Alexander Kerenski Frieden schließen, 1938 ein rechtsstaatliches Russland an der Bezwingung der Nationalsozialisten mitwirken und so Hitler und sein »Drittes Reich« zu Fall bringen.[18] In all diesen Beispielen triumphiert das Wunschdenken über den Sinn für das historisch Wahrscheinliche, und die über Jahrzehnte hinweg extrapolierten Konsequenzen sind zu weitreichend, als dass sie überzeugen könnten.

In der Sammlung von Roberts lässt der rechte Journalist Simon Heffer in seinem Essay über die Folgen der Bombenexplosion auf dem Parteitag der Conservative Party in Brighton 1984 Premierministerin Thatcher sterben (die in Wirklichkeit überlebte) und Michael Heseltine, einen charismatischen Konservativen, aber überzeugten Europäer, zu ihrem Nachfolger aufsteigen. Der Aufsatz folgt dem Muster »Gott sei Dank ist uns das erspart geblieben«: Mit seiner europafreundlichen Politik spaltet Heseltine die Partei und bereitet den Boden für den Sieg der Labour-Partei bei den Wahlen von 1992. Der Schaden wäre jedoch bereits irreparabel gewesen, und »Großbritannien wäre vermutlich ein ineffizientes Land mit hohen Steuern geworden, vergleichbar dem heutigen Frankreich, Deutschland oder Japan«. In eine ähnliche Richtung geht der plump überzeichnete Aufsatz, in dem David Frum sich ausmalt, wie ein von seinen ökologischen Skrupeln, seinem Streben nach politischer Korrektheit und seinem Respekt für internationale Institutionen gelähmter US-Präsident Gore unfähig ist, angemessen zu reagieren, als Al Qaida 2001 die Zwillingstürme in New York zerstört.[19] Die Einwände, die man gegen derlei politisch motivierte Phantastereien erheben könnte, sind zahlreich. Alles deutet darauf hin, dass es Margaret Thatcher mit ihrer späten Hinwendung zum Euroskeptizismus war, die die Conservative Party gespalten hat; und das negative Bild, das Heffer von Frankreich, Deutschland und Japan zeichnet, hätte selbst in den 1990er Jahren kaum jemand als treffend empfunden. Ebenso besteht allgemein Einigkeit darüber, dass sich der tatsächliche Sieger der Präsidentschaftswahl von 2000, George W. Bush, als einer der inkompetentesten US-Präsidenten aller Zeiten entpuppt und mit seinen unrechtmäßigen und wenig durchdachten Invasionen in Afghanistan und im Irak wenig Konkretes erreicht hat.

Ein Großteil dieser Essays ignoriert die von Ferguson formulierte Forderung, dass bei der Ausarbeitung eines kontrafaktischen Szenarios nur Alternativen Berücksichtigung finden sollten, die von Zeitgenossen bewusst in Erwägung gezogen wurden. In der Praxis werfen sie einen Deus ex Machina ins Getriebe der Geschichte, sei es eine Bombe, die Margaret Thatcher tötet, eine Wahl, durch die Al Gore an die Macht kommt, ein militärischer Sieg eines Generals, der in Wirklichkeit unterlag, oder irgendeine andere Umkehrung der historischen Umstände, die wenig bis nichts mit den Alternativen zu tun hat, vor denen die Entscheidungsträger standen. Grey im Jahr 1914 oder Churchill und Halifax 1940 mögen die Forderung Fergusons erfüllen, aber die wenigsten Historiker halten sich bei der Ausgestaltung ihrer kontrafaktischen Szenarien an diese Bedingung und konzentrieren sich lieber auf andere Steinchen des historischen Mosaiks. Das liegt natürlich daran, dass die Forderung, eine Entscheidung als Ausgangspunkt zu nehmen, einen unglaublich schmalen Pfad definiert, auf dem das kontrafaktische Szenario sich entfalten kann. In der Praxis ist dieser Pfad jedoch ohnehin schmal genug. Kontrafaktische Darstellungen beschränken sich fast ausnahmslos auf die Geschichtsfelder Politik, Diplomatie, Krieg und Staat, und innerhalb dieser Felder ausschließlich auf die Erklärung von Ereignissen.

Einige, die »kontrafaktische Geschichte« befürworten und praktizieren, teilen diese Sichtweise, angefangen bei Robert Cowley, der damit den Glauben an wichtige Persönlichkeiten wiederherstellen wollte, bis hin zu Jeremy Black, der eingesteht: »Das Infragestellen jeglichen Gefühls der Unabwendbarkeit hat zumeist in erster Linie Historiker gereizt, die sich mit Aspekten der Geschichte befasst haben, in denen es am ehesten einleuchtet, dass es auf zufällige Ereignisse und menschliches Handeln ankommt, wie in der Politik- und Militärgeschichte.«[20] Es ist schon auffällig, wie oft in der kontrafaktischen Geschichte die immergleichen Themen auftauchen, von Karl Martell und der Spanischen Armada bis hin zur Schlacht bei Waterloo und dem Zweiten Weltkrieg. Von den zwölf Aufsätzen im Sammelband von Andrew Roberts geht es in neun um Kriege, während die anderen fragen, was geschehen wäre, wenn der Gunpowder Plot erfolgreich gewesen wäre, Margaret Thatcher von der Bombe in Brighton getötet worden wäre, oder im Jahr 2000 nicht George W. Bush, sondern Al Gore die Präsidentschaftswahl gewonnen hätte. Der erste Sammelband von Cowley widmet sich ausschließlich der Militärgeschichte. Nach Beispielen, die sich über den Bereich der hohen Politik oder der Kriegsführung hinauswagen, wie der Aufsatz von William H. McNeill über die Frage, was passiert wäre, wenn die Kartoffel nie nach Europa gekommen wäre, oder die Essays von Joel Mokyr und Kenneth Pomeranz zu alternativen wirtschaftsgeschichtlichen Szenarien in *Unmaking the West*, muss man in diesem Genre lange suchen.[21]

Bei der großen Mehrheit der kontrafaktischen Darstellungen, so Tristram Hunt, stünden »große Männer« im Mittelpunkt. Es seien Geschichten darüber, »was Generäle, Präsidenten und Revolutionäre getan oder unterlassen haben. Der Anteil von Bürokratien, Ideen oder sozialen Schichten verschwindet hinter der Wankelmütigkeit eines Josef Stalin oder der schwachen Konstitution eines Franz Ferdinand.«[22] Ist die kontrafaktische Erzählung jedoch erst auf den Weg gebracht, tritt die zentrale Persönlichkeit der Fiktion paradoxerweise in den Hintergrund. Die gesamte Aufmerksamkeit konzentriert sich auf allgemeine, kontextuelle Faktoren, die beeinflusst werden, indem diese Person umgebracht wird (oder nicht), zu einer anderen Entscheidung kommt als in Wirklichkeit, oder eine Schlacht gewinnt (oder verliert). So kommt denn auch Lubomír Doležel zu dem Schluss, Historiker konzentrierten sich in den von ihnen erschaffenen kontrafaktischen Welten nicht auf das Verändern von Individuen, sondern auf »das Verändern zentraler (allgemeiner) sozialer, politischer, wirtschaftlicher oder militärischer Umstände. [...] Einzelne sind in der kontrafaktischen Geschichte nur als ›Initiatoren‹ gesellschaftlicher, historisch bedeutsamer Maßnahmen oder als austauschbare Akteure im Zusammenhang mit historischen Ereignissen von Interesse.«[23] Wenn Napoleon die Schlacht bei Waterloo gewinnt, verändert sich die weltpolitische Ordnung; ist der Gunpowder Plot erfolgreich, wird England katholisch; fällt Franz Ferdinand keinem Attentat zum Opfer, bricht der Erste Weltkrieg nicht aus, und die gesamte weitere europäische und amerikanische Geschichte nimmt einen anderen Verlauf; hält Großbritannien sich aus dem Ersten Weltkrieg heraus, entsteht die Europäische Union.

Wie diese und viele weitere Beispiele zeigen, beschäftigen sich kontrafaktische Szenarien fast ausschließlich mit traditioneller, altmodischer Politik-, Militär- und Diplomatiegeschichte von der Art, wie sie in den 1950er Jahren vorherrschte. Selbst die Beiträge in *Unmaking the West* beschäftigen sich in der Mehrzahl mit Kriegen und Revolutionen. Und letztlich muss das ja mehr oder weniger so sein. Dass weit ausgreifende kontrafaktische Darstellungen unplausibel sind, liegt in der Natur der Sache. Der Zusammenhang zwischen der kontrafaktischen Verschonung Frankreichs durch den Schwarzen Tod im 14. Jahrhundert und einer darauffolgenden sinkenden Fertilität im 18. Jahrhundert, wie

Geoffrey Hawthorn ihn im zweiten Kapitel seines Buches *Die Welt ist alles, was möglich ist* postuliert und davon eine Ankurbelung des Wirtschaftswachstums ableitet, erscheint beispielsweise wenig überzeugend. Das liegt zum einen am extrem unglaubwürdigen Ausgangspunkt, zum anderen an der mangelnden historischen Verknüpfung dieses Ausgangspunkts mit der industriellen Entwicklung mehr als drei Jahrhunderte später, also mit dem Zeitpunkt, für den Hawthorn eine Kombination aus Arbeitskräftemangel und hoher Konsumnachfrage annimmt, wie sie in Großbritannien anzutreffen war.[24] Und Joel Mokyr, der die Frage stellt, wie sich Wissenschaft und Technik wohl entwickelt hätten, wenn es im Westen nicht zur industriellen Revolution gekommen wäre, muss zugeben, dass wir letzten Endes nicht genau wissen können, »ob nicht im Orient, hätte ihn der Westen lange genug in Ruhe gelassen, eine Wissenschaft entstanden wäre, die sich so radikal von allem uns Vertrauten unterschieden hätte, dass wir sie uns nicht einmal vorstellen können«.[25] Ein wichtiger Grund, den weiter reichenden Ansprüchen der kontrafaktischen Geschichte mit Skepsis zu begegnen, ist also, dass sie nicht nur von einer Geschichte ausgeht, in der Politik und Kriegsführung die wichtigsten Forschungsgegenstände sind, sondern diese implizit auch propagiert; dass sie mit anderen Worten einen eng gefassten, konservativen Zugang zur Vergangenheit befürwortet, den die meisten Historiker längst hinter sich gelassen, und sich Gebieten zugewandt haben, auf denen kontrafaktische Szenarien nahezu unmöglich sind. Die innovativsten Historiker konzentrieren sich heuzutage nicht auf die Politik- oder Diplomatiegeschichte, sondern auf die Sozial-, Wirtschafts- und Kulturgeschichte, auf globale und nationenübergreifende Darstellungen.

Wenn es darum geht, ein umfassenderes Bild zu zeichnen, das über das Politische oder Militärische hinausgeht, greift sogar Ferguson selbst auf etwas zurück, was verdächtig nach Determinismus aussieht. So erklärt Ferguson die weltweite Vormachtstellung Europas zwischen 1815 und 1914 in seinem Buch *Der Westen und der Rest der Welt* damit, dass die europäischen Volkswirtschaften auf Wettbewerb basierten, die Wissenschaft in Europa der von China und anderen Kulturen überlegen war, das europäische Rechtssystem Eigentumsrechte respektierte und der Entstehung stabiler Regierungsformen förderlich war, die europäische Medizin die Gesundheit der Europäer verbesserte und ihre Lebenserwartung erhöhte, die Gesellschaft in Europa auf einer Kultur des Konsums aufgebaut war, und die Euopäer fleißiger als alle anderen waren. Während er diese Faktoren Kapitel für Kapitel abhandelt, stellt sich unvermeidlich der Gesamteindruck der Zwangsläufigkeit ein. Bei alldem handelte es sich um langfristige Entwicklungen, die spätestens mit dem Ende des Mittelalters einsetzten. Um 1800 waren alle diese Entwicklungen abgeschlossen, so dass die europäische Vormachtstellung nach 1815 unausweichlich war. Alternative Thesen (sprich: kontrafaktische Szenarien) spielen in dieser Geschichte keine Rolle; dabei würden sie Fergusons Argumentation an anderer Stelle zufolge den Determinismus in seiner Darstellung unterminieren.[26]

Wenn selbst Ferguson indirekt eingesteht, dass kontrafaktische Szenarien im Zusammenhang mit langfristigen historischen Veränderungsprozessen ungeeignet sind, wie realistisch ist dann die Entwicklung von Verfahren, die die vielen Fallen vermeiden helfen, in die der unvorsichtige Historiker zu tappen droht, der dieses Werkzeug im kleineren Rahmen anzuwenden versucht – von politisch motiviertem Wunschdenken bis hin zu unplausiblen Ketten von Folgen? Geoffrey Parker und Philip Tetlock haben den Autoren der kontrafaktischen Aufsätze in ihrem Sammelband *Unmaking the West* ein paar Grundregeln der kontrafaktischen Geschichtsschreibung mit auf den Weg gegeben. Um Willkür zu vermeiden, sagen sie, müsse die Regel des möglichst »minimalen Eingriffs« gelten, wie sie ganz ähnlich auch Ferguson formuliert hat. Des Weiteren postulieren sie die »*Ceteris-paribus*«-Regel, also die Forderung, dass ein kontrafaktisches Szenario nur *eine* Veränderung an der Kausalkette vornehmen dürfe und alles andere so belassen müsse, wie es tatsächlich geschehen ist. Daher sind, wie Aviezer Tucker treffend anmerkt, die kontrafaktischen Spekulationen von Jonathan Clark im Sammelband von Ferguson – wonach Amerika Teil des britischen Empire geblieben wäre, wenn die »Glorious Revolution« von 1688 nie stattgefunden hätte – bedeutungslos, weil die veränderte Ausgangsbedingung nicht der Ceteris-paribus-Regel entspricht: die Veränderung geht zu weit, als dass die Spekulation aus historischer Sicht haltbar wäre.[27] Damit die »Glorreiche Revolution«, also die Ablösung des katholischen absolutistischen Königs James II. durch den protestantischen William III., vermieden werden hätte können, hätte England eine vollkommen andere Gesellschaft und ein völlig anderes Gemeinwesen sein müssen.[28]

Das zweite Prinzip, das Tetlock und Parker vorschlagen, ist das der Selbstbeschränkung, damit kontrafaktische Szenarien nicht zu weit in die Zukunft hinein extrapolieren. Clarks Kritik an der Implausibilität allzu langfristiger Szenarien fügen sie in diesem Zusammenhang den Hinweis hinzu: »Je weiter ein Autor in die Zukunft seiner kontrafaktischen Welt zu blicken versucht, desto fragiler werden die verbindenen Prinzipien.«[29] Und schließlich, um dem Vorwurf

Carrs zu begegnen, kontrafaktische Spekulationen seien ein reiner Selbstzweck (eine Gefahr, die von so vielen Beiträgen zu anderen Sammlungen kontrafaktischer Essays veranschaulicht wird), baten Parker und Tetlock ihre Mitautoren, selbstkritisch zu sein (eine Tugend, die jedem Historiker gut ansteht) und deutlich zu machen, welche Perspektive sie einnähmen. Die Nagelprobe eines mit dieser Einstellung geschriebenen Essays ist natürlich die Frage, ob er irgendetwas zum historischen Wissen und Verständnis beiträgt. Im Rückblick auf alle Beiträge merken die Herausgeber am Ende des Sammelbandes an, kontrafaktische Darstellungen, die aufzeigen, wie leicht ein zentrales Ereignis oder eine wichtige Entscheidung anders ausfallen hätte können, leisteten einen sinnvollen Beitrag, uns die Möglichkeiten vor Augen zu führen, die den Zeitgenossen offenstanden. Aber darum geht es gar nicht. Das eigentlich Interessante an kontrafaktischen Szenarien ist, dass sie die *Begrenztheit* dieser Möglichkeiten verdeutlichen, sowie die *Zwänge*, unter denen die Zeitgenossen handelten.

In der Frage der Machtergreifung der Nationalsozialisten zum Beispiel habe ich in *Das Dritte Reich. Aufstieg* argumentiert, dass Deutschland 1933 letztlich nur die Wahl zwischen einem autoritären Militärregime und einer NS-Diktatur hatte. Es stimmt zwar, wie Parker und Tetlock unter Verweis auf empirische Studien von Henry Turner festhalten, dass die Nationalsozialisten im Hinblick auf Rückhalt bei den Wählern, finanzielle Ressourcen und inneren Zusammenhalt Ende 1932/Anfang 1933 auf dem absteigenden Ast waren, und dass man bei der Analyse der vielen Wendungen in den komplexen politischen Verhandlungen, in deren Folge Hitler am 30. Januar 1933 Kanzler wurde, zu dem Schluss kommen muss, dass der Zufall dabei eine nicht unerhebliche Rolle gespielt hat. Aber für diese Erkenntnis bedarf es keines kontrafaktischen Szenarios, und Parker und Tetlock entwerfen ja auch keines. Nimmt man ausschließlich den kleinen Kreis der Entscheidungsträger um Reichspräsident Hindenburg in den Blick, deren Taktieren Hitler ins Kanzleramt hievte, und betont damit unweigerlich den Einfluss von Zufallsfaktoren wie »persönliche Affinitäten und Aversionen, verletzter Stolz, enttäuschte Freundschaften und de[n] Drang nach Rache«,[30] so klammert man im Übrigen die größeren Zusammenhänge aus: die rasch um sich greifende, massenhafte, mörderische Gewalt der Nationalsozialisten auf den Straßen, sowie die völlige Handlungsunfähigkeit des Reichstages, der in völligem Chaos versank, weil die Kommunisten und die Nationalsozialisten der jeweils anderen Seite nur noch Sprechchöre entgegenschleuderten und sich nur zusammentaten, um jeden Gesetzesentwurf der Regierung pauschal niederzustimmen. Diese unerträgliche Situation war auf die Dauer nicht haltbar, schon gar nicht in Zeiten einer gigantischen Wirtschaftskrise, deretwegen weit mehr als ein Drittel der Deutschen arbeitslos und Konkurse und Bankenpleiten an der Tagesordnung waren. Die politische Krise konnte nur gelöst werden, indem man die NSDAP in irgendeiner Form an der Regierung beteiligte. Der entscheidende Faktor war weniger der politische Niedergang der NSDAP zwischen den Wahlen vom Juli und vom November 1932 – auch wenn das auf verhängnisvolle Weise dazu beitrug, dass die Konservativen um Papen und Hindenburg glaubten, die Nationalsozialisten im Zaum halten zu können –, als vielmehr der eskalierende Gewalteinsatz durch die SA, der das Land nach Ansicht des wichtigsten Armeeführers, General von Schleicher, in einen Bürgerkrieg zu stürzen drohte.[31]

Die gesamte deutsche Geschichte seit dem Sturz der letzten demokratischen Regierung 1930 hatte das Arsenal der verfügbaren Optionen extrem eingeschränkt und eine Rückkehr zur Demokratie unmöglich gemacht. Das zumindest war die Überzeugung der damaligen Schlüsselpersonen. Man kann darüber spekulieren, ob Männer wie General von Schleicher durch geschickteres Taktieren anstelle Hitlers einen Vertreter der Reichswehr an die Macht hätten bringen können. Dazu hätte man die NSDAP allerdings entweder gewaltsam in die Schranken verweisen – ein schwieriges Unterfangen, wenn man bedenkt, dass die SA der Reichswehr zahlenmäßig weit überlegen war – oder sie doch in irgendeiner Form in eine Koalition einbinden müssen. Doch selbst wenn dies geschehen wäre: Angesichts der politischen Haltung des Offizierskorps, das eine Revision des Versailler Vertrags, die Wiederbewaffnung Deutschlands, die Remilitarisierung des Rheinlandes, die Invasion Österreichs und der Tschechoslowakei, sowie generell eine Tilgung der Schmach von 1918 anstrebte, liegt die Vermutung nahe, dass auch eine solche Lösung Europa einem Krieg zumindest sehr viel näher gebracht hätte – zumal die Reichswehr zu tun gehabt hätte, die Nationalsozialisten im Boot zu halten. Tatsächlich wurde am Ende ja eine Koalitionsregierung aus Vertretern der NSDAP, der Konservativen und der Reichswehr gebildet. Hitler gelang es innerhalb weniger Monate, seine Koalitionspartner auf ganzer Linie auszumanövrieren und eine Einparteiendiktatur zu etablieren. Die Dynamik der Nationalsozialisten, die Gewalt auf den Straßen, der rücksichtslose Ehrgeiz ihres Anführers – all das spricht für eine solche Hypothese.[32]

Der historische Erkenntnisgewinn dieser Szenarien liegt darin, dass sie uns vor Augen führen, dass die unmittelbare Wiederherstellung der Weimarer Demokratie und die Beibehaltung des internationalen Status Quo in Europa 1932/33 keine Option darstellte. Sie dienen nicht dazu, den Handlungsspielraum aufzuzeigen, den deutsche Politiker 1933 hatten, sondern zu veranschaulichen, dass dieser verschwindend gering war. Auch zeigt die Erfahrung des Aufstands der österreichischen Sozialisten gegen das diktatorische Regime von Dollfuß im Februar 1934, der vom Bundesheer innerhalb weniger Tage blutig niedergeschlagen wurde, dass die Kommunisten und Sozialdemokraten in Deutschland nicht einmal vereint etwas gegen die Reichswehr, gegen die Nationalsozialisten, oder gar gegen beide hätten ausrichten können. Das Ziel solcher Szenarien ist nicht in erster Linie zu betonen, dass die Zukunft an dieser wichtigen Wegscheide offen war – denn offen war sie nur in höchst begrenztem Ausmaß –, sondern vielmehr, jeglichem Wunschdenken in diese Richtung den Boden zu entziehen, beziehungsweise, anders ausgedrückt, in der Darstellung der Ereignisse in Deutschland in den Jahren 1932–1933 die historischen Realitäten deutlicher herauszuarbeiten. Derartige Spekulationen erfüllen bestens die von Tetlock und Parker aufgestellten Kriterien, wie das des »minimalen Eingriffs« oder der Selbstbeschränkung auf kurzfristige Spekulationen über mögliche Alternativen (wenn auch nicht mit der von Parker und Tetlock angenommenen Absicht), aber letztlich gehören sie nicht wirklich in die Kategorie des »Kontrafaktischen«, wie diese normalerweise definiert wird.

Ein anderes Beispiel ist die Kritik von Tetlock und Parker an der Behauptung, Kaiser Wilhelm II. sei nicht bewusst gewesen, wie unsicher die von Bismarck erreichte Einigung Deutschlands war, und habe diesen Prozess als historisch vorherbestimmt angesehen. So zu argumentieren setze eine

»Vielzahl kontrafaktischer Annahmen darüber voraus, wie einfach oder schwierig es Mitte des 19. Jahrhunderts war, der europäischen Geschichte eine neue Richtung zu geben«. Aber das stimmt nicht. Tatsächlich lässt sich diese Sichtweise problemlos mit Belegen unterfüttern, indem man Zitate von Bismarck, dem Kaiser und anderen Zeitgenossen zu dieser Frage heranzieht. Denn Bismarck war der Ansicht, dass die Stellung Deutschlands in Europa ungesichert war, Kaiser Wilhelm II. war anderer Auffassung, und beide richteten ihr staatmännisches Handeln an ihren Überzeugungen aus. Eine schlichte, an den Fakten orientierte Darstellung der deutschen Einigung (solange sie nicht in den Fatalismus der Borussischen Schule von staatstreuen Historikern verfällt), ja eine einfache, an den Fakten orientierte Schilderung der Schlacht bei Königgrätz ohne explizit kontrafaktische Spekulationen sollte ausreichen, um die Rolle des Zufalls für den Einigungsprozess herauszuarbeitem; allerdings dachte Kaiser Wilhelm II. tatsächlich, der Sieg bei Königgrätz sei vorherbestimmt gewesen, ebenso wie der in der Schlacht von Sedan. Entscheidend sind in diesem Zusammenhang die Überzeugungen der beiden Protagonisten. Um ihr Handeln zu verstehen, muss der Historiker nicht darüber urteilen, ob sie Recht hatten – auch wenn der Kaiser am Ende alles aufs Spiel setzte, was Bismarck erreicht hatte, und im Ersten Weltkrieg sein Reich ins Verderben stürzte. Zu diesem Schluss zu kommen ist nicht gleichbedeutend mit der Behauptung, besser als die Zeitgenossen zu wissen, was diese hätten tun sollen; er ergibt sich schlicht aus dem Studium der Quellen.

Schließlich argumentieren Tetlock und Parker, »revisionistische« kontrafaktische Szenarien, die nicht kurzfristige Zufallsereignisse, sondern längerfristige, übergeordnete

Prozesse in den Fokus rücken, könnten einen wertvollen Beitrag leisten, um zu erklären, weshalb Prozesse wie zum Beispiel die Industrialisierung oder Veränderungen der Machtbalance zwischen Staaten und Nationen so und nicht anders verlaufen seien. Die kontrafaktische Spekulation kommt dabei mit anderen Worten zu dem Schluss, dass alles genauso gekommen wäre, selbst wenn bestimmte Ereignisse und Prozesse anders verlaufen wären. So könnte man sich beispielsweise vorstellen, Hitler hätte den Krieg gegen die Sowjetunion gewonnen, wäre am Ende jedoch einer amerikanischen Atombombe zum Opfer gefallen; Deutschland hätte den Krieg also so oder so verloren. Gerechtfertigt werden solche Gedankenexperimente damit, dass sie es erleichtern, den Einfluss unterschiedlicher, personenunabhängiger Faktoren auf den Ausgang historischer Prozesse gegeneinander abzuwägen. Das Problem dabei ist nur, dass man das ebenso gut ohne derartige Gedankenexperimente tun kann. Außerdem widersprechen sie dem von Parker und Tetlock aufgestellten Prinzip, dass man längerfristige alternative Szenarien vermeiden sollte. Im Übrigen wurde das »Dritte Reich« auch ohne Einsatz von Atombomben besiegt – welchen Sinn hat es da, sich vorzustellen, dass es der Bombe bedurft haben könnte, um das zu bewerkstelligen?

Ähnlich wie Parker und Tetlock zwischen kurz- und langfristigen kontrafaktischen Szenarien unterscheiden, differenziert Allan Megill zwischen *maßvollen* kontrafaktischen Darstellungen mit dem Ziel einer »expliziten Prüfung von Alternativen, die in der realen Vergangenheit denkbar waren«, sowie *zügellosen* kontrafaktischen Darstellungen oder »virtueller Geschichte«, die sich mit »Ergebnissen der historischen Entwicklung« auseinandersetzen, »zu denen es in Wirklichkeit nie kam«.[33] *Maßvolle* kontrafaktische Spekulationen zeichnen sich laut Megill dadurch aus, dass sie von einem tatsächlichen Ereignis ausgehend in die Vergangenheit blicken, also eine Bewegung »vom beobachteten Ergebnis zur angenommenen Ursache« vollziehen. Ausgangspunkt von John Adamson in seinem Beitrag zu Fergusons Sammelband *Virtual History,* »England without Cromwell: What If Charles I Had Avoided the Civil War?«, ist zum Beispiel eine Reihe denkbarer Alternativen zum tatsächlich Geschehenen (nämlich dazu, dass Charles I. zwischen 1640 und 1649 einen Bürgerkrieg führte und verlor, am Ende hingerichtet wurde und an seiner Statt Oliver Cromwell, der führende General der Gegenseite, als »Lord Protector« regierte); der Großteil des Essays ist dann aber Erklärungen gewidmet, warum diese Alternativen nie Realität wurden. Diese Art von kontrafaktischen Szenarien, so Megill, sei epistemologisch noch einigermaßen vertretbar, weil sie von bekannten Fakten ausgehe und kontrafaktische Spekulationen einsetze, um zu begründen, weshalb die Dinge sich nicht anders entwickelt haben, sondern so, wie es uns überliefert wurde. Tatsächlich, argumentiert Megill, müssten in der Historiographie *alle* kausalen Erklärungen in diesem Sinne kontrafaktisch sein, weil *jede* kausale Erklärung nicht nur erkläre, warum etwas so ausgegangen ist wie uns bekannt, sondern auch, warum es nicht anders ausgegangen ist.[34] Wenn wir beispielsweise erkären, weshalb Hitler 1933 an die Macht kam, so erklären wir zugleich, warum die deutsche Reichswehr nicht an die Macht kam, warum die Linke den Nationalsozialisten nichts entgegensetzen konnte und warum die Demokratie nicht wiederhergestellt wurde.

Historiker, agumentiert Megill, bräuchten kontrafaktische Szenarien, weil sie Gesetzmäßigkeiten, wiederholt gleichzeitig auftretende Strukturen oder größere Zusammenhänge grundsätzlich nicht als Ursachen anführen könnten. So könnte man beispielsweise den Imperialismus als Ursache des Ersten Weltkriegs bezeichnen, nicht jedoch als Ursache aller Kriege. Im Prinzip ist die Aussage, der Imperialismus habe den Ersten Weltkrieg verursacht, durchaus vertretbar, auch wenn sie sich auf einem sehr hohen Abstraktionsniveau bewegt (und natürlich nichts darüber aussagt, weshalb er gerade 1914 ausgebrochen ist, oder warum manche Länder auf der einen, manche auf der anderen Seite kämpften). Und natürlich impliziert sie ein kontrafaktisches Szenario, beziehungsweise in diesem Zusammenhang eine Vision dessen, wie es auch kommen hätte können: Hätte es den Imperialismus nicht gegeben, hätte der Erste Weltkrieg nie stattgefunden. Das ist jedoch nicht der entscheidende Punkt der Argumentation: Es besteht keinerlei Notwendigkeit zu diskutieren, was 1914 geschehen wäre, wenn es den Imperialismus nicht gegeben hätte, und somit auch keine Notwendigkeit, kontrafaktische Spekulationen anzustellen. Historiker brauchen kontrafaktische Szenarien demnach nur auf einem sehr viel weniger allgemeinen Niveau – womit wir wieder beim Prinzip des minimalen Eingriffs von Parker und Tetlock wären. *Zügellose* kontrafaktische Szenarien dagegen, so Megill, zögen keine Rückschlüsse von einem tatsächlichen Ereignis auf seine hypothetische Ursache, sondern schlössen von einem verborgenen oder hypothetischen Grund auf ein Ereignis oder eine Ereigniskette, die in Wirklichkeit nie stattgefunden hätten. Oder, wie Megill es ausdrückt: »Spekulationen im Bereich der virtuellen Geschichte sind in weitaus größerem Ausmaß von unzureichend belegten Annahmen über den wahren Zustand der Welt durchzogen, als das beim normalen Kanon an geschichtswissenschaftlichen Methoden der Fall ist.« Weil sie sich nicht unmittelbar auf Fakten stützen können, sind diese Annahmen letztlich gleichsam die Theorie, die den kontrafaktischen Spekulationen Nahrung gibt.[35] Wir haben es hier also weniger mit einer historischen als mit einer metaphysischen Argumentation zu tun.

Ein wenig anders hat die gleiche Kritik Aviezer Tucker formuliert. Jedes kontrafaktische Szenario, so Tucker, beinhalte eine »*Ceteris paribus*-Klausel: Der Historiker unterstellt, dass mit Ausnahme der untersuchten Faktoren die historische Realität konstant bleibt.«[36] Dächten wir also beispielsweise darüber nach, was passiert wäre, wenn Hitler im Ersten Weltkrieg ums Leben gekommen wäre (ein keineswegs unwahrscheinliches Szenario), so würden wir sicherstellen, dass die Spekulation sinnvoll ist, indem wir annähmen, alles andere bleibe unverändert: Deutschland verliert den Krieg, und die NSDAP wird trotzdem gegründet, nur unter einem anderen »Führer«; und dann würden wir überlegen, wie es ohne Hitler um die Politik der NSDAP, um ihre Chancen an den Wahlurne, und so weiter bestellt gewesen wäre. Kontrafaktische Darstellungen müssen mit anderen Worten mit anderen Dingen im Einklang stehen, die wir über das Thema der Spekulation wissen: Wir verändern einen Faktor, belassen aber alles andere, wie es war. Da wir wissen, dass rechtsextreme Parteien unmittelbar nach dem Ersten Weltkrieg judenfeindlich waren, ist es wenig sinnvoll, darüber zu spekulieren, welchen Lauf die Dinge genommen hätten, wenn die NSDAP judenfreundlich gewesen wäre. Daraus ergibt sich, dass kontrafaktische Darstellungen, wenn sie überhaupt einen Sinn haben sollen, keine großen, sondern kleine Veränderungen postulieren müssen. Verändern wir das Kaleidoskop der Geschichte, indem wir ein Steinchen verrücken, so können wir kreativ darüber nachdenken, welche Folgen das für alle anderen Steinchen haben könnte; schütteln wir dagegen alle Steinchen durch, so können wir überhaupt keine allgemeinen Schlüsse ziehen. Aber davon einmal abgesehen: Wer vermag zu sagen, ob aus der Deutschen Arbeiterpartei, einer Randbewegung unter vielen, je die NSDAP entstanden wäre, wenn Hitler den Ersten Weltkrieg nicht überlebt hätte? Die Ceteris-paribus-Regel führt allzuoft zu wenig überzeugenden Entscheidungen, die darauf hinauslaufen, dass der Autor eines kontrafaktischen Szenarios denkbare Auswirkungen einer veränderten Ausgangsbedingung auf spätere Entwicklungen ausblendet, weil sie ihm nicht in den Kram passen. Es ist mit anderen Worten keineswegs ausgemacht, dass alles andere bleibt wie gehabt. Selbst das Ceteris-paribus-Prinzip blendet die Möglichkeit unvorhergesehener Zufallsereignisse aus.[37]

Johannes Bulhof hat darauf hingewiesen, dass viele, wenn nicht alle historischen Untersuchungen »modale Behauptungen« enthielten. Darunter versteht Bulhof Sätze, wonach *b* nicht passiert wäre, wenn *a* nicht passiert wäre.[38] So verstanden wimmelt es in der Geschichtsschreibung nur so von kontrafaktischen Szenarien, sind Historiker doch stets auf der Suche nach Erklärungen, warum sich etwas ereignet hat – und damit notwendigerweise gleichzeitig nach Erklärungen, weshalb andere, alternative Entwicklungen nicht eingetreten sind. Doch das ist eine Binsenweisheit. Die entscheidende Schwelle zwischen einer nicht realisierten, aber plausiblen Alternative und einem kontrafaktischen Szenario ist überschritten, sobald man daraus weitere nicht realisierte, aber plausible Auswirkungen extrapoliert. Und für die Aufgabe, zu erklären, wann und warum etwas geschehen ist, kommt diesen Auswirkungen in der Praxis keine zentrale Bedeutung zu. So argumentiert Daniel Goldhagen in seinem Buch *Hitlers willige Vollstrecker,* Nichtdeutsche, wie zum Beispiel die ukrainischen Hilfsarbeiter, die in den Todeslagern der Aktion Reinhardt arbeiteten, hätten bei der Durchführung des Holocaust »keine unverzichtbare Rolle« gespielt, und er unterstreicht diese Aussage mit einem kontrafaktischen Szenario: »Gewiß: Hätten die Deutschen nicht willige Helfer, vor allem aus Osteuropa, gefunden, dann hätte der Ablauf des Holocaust etwas anders ausgesehen, und es wäre den Deutschen wahrscheinlich nicht gelungen, so viele Juden umzubringen.«[39] Doch diese – vage als Wahrscheinlichkeit formulierte – Spekulation ist für Goldhagens Erklärung des Geschehenen eigentlich unnötig; diese ist in seiner auf dem Studium der Quellen basierenden Aussage zusammengefasst, Nichtdeutsche hätten beim Holocaust keine unverzichtbare Rolle gespielt, denn »der Wille und die Initiative, den Holocaust voranzutreiben, gingen nicht von ihnen aus«.[40] Darin ist natürlich ein anderes kontrafaktisches Szenario enthalten, nämlich dass es den Holocaust nie gegeben hätte, wenn die Deutschen nicht gehandelt hätten, wie sie gehandelt haben. Doch diese Aussage ist vollkommen redundant, weil wir aus einer Unzahl von Quellen wissen, dass die Deutschen den Holocaust geplant, initiiert und durchgeführt haben, während Ukrainer und andere nur ihre Helfer waren. Mag sein, dass jede Aussage über Kausalzusammenhänge Alternativen impliziert; um die Erklärung der Ursachen voranzutreiben ist es jedoch unnötig, diese Alternativen und ihre Implikationen zu prüfen.

»Das Problem, auf welcher Grundlage man die Tragfähigkeit kontrafaktischer Aussagen beurteilen soll«, argumentiert Bunzl, »ist eine Funktion der Tragfähigkeit der Behauptungen, auf denen unsere kontrafaktischen Aussagen beruhen. Stützt sich eine kontrafaktische Aussage auf eine

Kausalbehauptung, so stellt sich die Frage: Wie tragfähig ist diese Kausalbehauptung?«[41] So erscheint es auf den ersten Blick als nachvollziehbare Aussage, dass die Partisanen in den von NS-Deutschland besetzten Ländern Osteuropas Hitlers Armee besiegt hätten, wenn sie auf Atomwaffen hätten zurückgreifen können. Die hier genannte Ausgangsbedingung ist jedoch wenig überzeugend, denn hätten die Partisanen über Atomwaffen verfügt, so wären diese doch von anderen, reicheren Organisationen mit mehr Ressourcen bestimmt lange vorher entwickelt worden, etwa von den Nationalsozialisten, ganz sicher aber von den Amerikanern. Die Ausgangsbedingungen hätten in diesem Fall also ganz anders ausgesehen. »Eine kontrafaktische Schlussfolgerung«, so Bunzl, sei daher »nicht besser als die Annahmen, die man über die Ausgangsbedingungen anstellt.«[42] Eine kontrafaktische Darstellung kann jedoch nicht nur eine in die Zukunft gerichtete Extrapolation sein, von einem alternativen Ereignis zu dem, das tatsächlich passiert ist, sondern auch eine in die Vergangenheit gerichtete Extrapolation, die überprüfen soll, ob ein Ereignis auch unter anderen Umständen oder bei einer Veränderung der vorangegangenen Ereignisse stattgefunden hätte. So betrachtet sind kontrafaktische Szenarien durchaus mit Determinismus kompatibel, denn »bei einigen der interessantesten historischen Fragen geht es darum zu ergründen, ob ein bestimmtes Resultat auch unter einer Reihe von anderen Ausgangsbedingungen zu erwarten gewesen wäre«.[43]

Doch das, wie viele Kritiker »zügelloser« oder »langfristiger« kontrafaktischer Darstellungen bemängelt haben, gilt nur dann, wenn wir uns möglichst genau an das halten, was den Akteuren bekannt war, und kontrafaktische Szenarien einsetzen, um besser zu verstehen, wie die Dinge sich entwickelt haben. Je besser wir mit den Optionen und Möglichkeiten vertraut sind, desto weiter können wir zur Kernfrage vordringen, weshalb eine und nur eine davon Realität wurde. So hilft es uns die Absichten und Motive der Männer zu verstehen, die am 20. Juli 1944 ein Attentat auf Hitler verübt haben, wenn wir darüber nachdenken, was geschehen wäre, wenn ihr Plan aufgegangen wäre. Ihr Rückhalt innerhalb der Streitkräfte war sehr begrenzt, und der Tod Hitlers hätte vermutlich einen Bürgerkrieg ausgelöst, weil die SS und andere fanatische Nationalsozialisten sie mit Gewalt bekämpft hätten, um Rache zu üben. Die Verschwörer waren sich dessen mehr oder weniger bewusst. Ihre letzten Briefe lassen darauf schließen, dass sie keine Hoffnung mehr hatten, sie könnten die Macht in Deutschland an sich reißen und mit den Alliierten Frieden schließen (ob des alliierten Ziels einer bedingungslosen Kapitulation ein extrem unrealistisches Szenario), und dass sie durch eine Tat, von der sie wussten, dass sie höchstwahrscheinlich ihren Tod besiegelte, nur noch einen letzten Funken deutscher Ehre retten wollten. Angesichts ihrer Ablehnung des Parlamentarismus und ihres Glaubens an soziale und politische Ungleichheit ist es nicht sehr wahrscheinlich, dass sie nach Hitlers Tod versucht hätten, ein neues, demokratisches Deutschland aufzubauen. Mit derartigen Spekulationen lässt sich herausarbeiten, was die Optionen dieser Männer im Juli 1944 realistischer Weise waren – nicht zuletzt deshalb, weil sie sich möglichst genau an dem orientieren, was wir darüber wissen, wie die Verschwörer ihre Chancen selbst einschätzten.

Eine ganz andere Angelegenheit ist es, wenn man wie C. J. Sansom aus diesen Fakten ein Szenario extrapoliert, in dem der Krieg an der deutschen Ostfront nach dem Sieg

Deutschlands über Großbritannien weitergeht und es 1952 zu einem erfolgreichen Militärputsch kommt, nachdem ein nicht zu gewinnender Krieg, der einen enormen Blutzoll gefordert hat, sich weitere acht Jahre hingezogen hat und – der entscheidende Punkt – Hitler gestorben ist, so dass das Militär vom ihm geleisteten Treueeid entbunden ist.[44] Dieses Szenario beruht auf einer Vielzahl gewagter Spekulationen. Hält man sich vor Augen, wie deutlich die Sowjetunion dem »Dritten Reich« im Hinblick auf die Zahl der Soldaten und die Produktion von Waffen, Munition und Ausrüstung überlegen war, ist alles andere als gewiss, ob Deutschland den Krieg noch weitere acht Jahre durchhalten, und unwahrscheinlich, dass es zwischen beiden Mächten – wie andere spekuliert haben – zu einer Pattsituation hätte kommen können.[45] Allerdings hätte der Tod oder die Ausschaltung Hitlers, wie Philip K. Dick und nach ihm viele andere spekuliert haben, innerhalb der Nazielite mit Sicherheit einen Machtkampf ausgelöst, und Hitler hatte im nationalsozialistischen Machtapparat eine so zentrale Stellung inne, dass dieser unabhängig von der Frage eines weiteren Militäraufstands ohne ihn nicht lange Bestand gehabt hätte. Auf deutschen Kriegsgräbern wurden die Toten in der Regel als »für *Führer* und Vaterland gefallen« geehrt, und kein anderes Mitglied der NS-Führungsriege, weder Göring noch Goebbels, hatte das Charisma Hitlers.

Historische Erklärungen basieren in der Regel auf der Idee der historischen Notwendigkeit – beziehungsweise, anders ausgedrückt, auf notwendigen Ursachen –, wonach konvergierende Kausalketten eine bestimmte Art von Ergebnis hervorbringen, ohne seine genaue Form festzulegen. So könnte man beispielsweise sagen, dass Hitlers Absicht, eine deutsche Hegemonie in Europa zu erringen, eine notwendige Ursache des Zweiten Weltkriegs war; sie erklärt für sich genommen jedoch nicht, warum der Krieg im September 1939 ausbrach. Dazu mussten weitere Kausalketten ihre Wirkung entfalten, wie die Appeasement-Politik Großbritanniens und Frankreichs Mitte der 1930er Jahre und deren Kehrtwende 1939, die erfolgreiche deutsche Wiederbewaffnung, und so weiter. Außerdem wurde das Ergebnis von zufälligen Ereignissen wie der Krankheit Hitlers beeinflusst, die ihn dazu veranlasste, die Kriegsvorbereitungen zu beschleunigen, weil er Angst hatte, er könnte sterben, bevor er seinen ursprünglichen Plan ins Werk setzen konnte, den Krieg 1942 anzufangen. Bei derartigen Analysen könnten kontrafaktische Szenarien nach Ansicht von Tucker nützlich sein, um zu verstehen, wie zufällig ein bestimmtes Ereignis tatsächlich war.[46] Daher macht es keinen Sinn, sich auszumalen, Hitler habe nicht die Absicht gehabt, einen europäischen Krieg anzuzetteln – das war der Fehler, den die Verfechter der Appeasement-Politik gemacht haben –, oder sich vorzustellen, Hitler sei im März 1939 nicht in Prag einmarschiert (ein Ereignis, das das Ende des Appeasement markierte). Sinnvoll ist dagegen die Frage, was geschehen wäre, wenn die Generäle, deren Auffassung nach Deutschland für einen Krieg noch nicht bereit war, den angedachten Plan, Hitler zu stürzen, 1938 in die Tat umgesetzt hätten, oder wenn Neville Chamberlain das Münchner Abkommen, das die Generäle zur Aufgabe ihres Plans bewog, nicht unterzeichnet hätte, oder wenn Hitler sich nicht entschlossen hätte, seinen aggressiven außen- und innenpolitischen Kurs 1937/38 zu verschärfen. Tatsächlich stellen wir bei der Untersuchung dieser Ereignisse automatisch implizit solche Spekulationen an, handelt es sich doch um Eventualitäten, die leicht zu anderen Ergebnissen hätten führen können.

Das vielleicht Auffallendste an den verschiedenen kontrafaktischen Szenarien, die ich unter die Lupe genommen habe, sind die radikalen Meinungsunterschiede zwischen Autoren, die über ein- und dasselbe Thema geschrieben haben. Zum Teil lassen sich diese Differenzen auf ihre jeweiligen politischen Motive zurückführen, zum Teil sind sie dem zeitgenössischen Umfeld geschuldet, in dem die Szenarien entstanden sind. Angenommen, Großbritannien hätte 1940 oder 1941 einen Separatfrieden mit Nazideutschland geschlossen: hätte dann Hitler an der Ostfront die Sowjetunion besiegt, oder wäre es zwischen den beiden totalitären Mächten zu einer Pattsituation gekommen? Oder hätte Stalin, wie Andrew Roberts 2001 in Revision seiner früheren Meinung zu dieser Frage spekulierte, ganz Europa erobert – mit schrecklichen Folgen?[47] Wären die britischen Institutionen einschließlich des Empires intakt geblieben, oder hätte Hitler den Briten nach und nach seinen Willen aufgezwungen, ihre Institutionen nazifiziert, sie gezwungen, britische Juden nach Auschwitz zu deportieren, und ihnen Stück für Stück ihre Kolonien abgenommen? Hätte sich die Masse der Briten im Fall einer Besetzung durch Nazideutschland für Kollaboration oder Widerstand entschieden? Hätte sich der Duke of Windsor als nazifreundlicher Marionettenkönig instrumentalisieren lassen oder nicht? Wäre an der Spitze einer Kollaborationsregierung Lloyd George, Sir Oswald Mosley, Lord Halifax, Sir Samuel Hoare oder Rab Butler in der Downing Street Nr. 10 eingezogen? (Holger Herwig sicherte sich nach allen Seiten ab, indem er Halifax, Hoare und Lloyd George gemeinsam eine Kollaborationregierung unter Edward VIII. führen lässt.[48]) Und überhaupt: Was lernen wir aus diesen Spekulationen über die britische und europäische Politik der 1930er und 1940er Jahre, was wir nicht ohnehin schon wussten?

Ähnliche Bedenken sind bei vielen anderen, vielleicht sogar den meisten kontrafaktischen Darstellungen angebracht. Für Jack Goldstone, stellen Parker und Tetlock im Rückblick auf die Beiträge zu ihrer eigenen Sammlung kontrafaktischer Essays fest, sei »der genaue Zeitpunkt, zu dem William III. gestorben ist«, für die englische Geschichte des 17. Jahrhunderts »von großer Bedeutung, weil er überzeugt ist, dass das die britische, die europäische, ja die Weltgeschichte in völlig andere, irreversible Bahnen gelenkt hätte«; ein anderer Beitrag dagegen kritisiere, wie viel Goldstone von diesem einen Ereignis extrapoliert, und komme zu dem Schluss, der Tod Williams hätte keinen großen Unterschied gemacht, »weil William seine Frau Mary oder, falls diese vor ihm gestorben wäre, deren Schwester Anne auf den Thron nachgefolgt wäre (wie es 1702 ja auch geschehen ist)«.[49] Es ist eines der beliebtesten Themen von kontrafaktischen historischen Darstellungen, das auf sehr unterschiedliche Weise bereits von Chesterton, Fraser, Russell und vielen anderen beackert worden ist: Welchen Unterschied hätte es gemacht, wenn England kein protestantisches, sondern ein katholisches Land gewesen wäre? Während sowohl Fraser als auch Chesterton (beides katholische Historiker) der Ansicht sind, dass das von Vorteil gewesen wäre (wobei Fraser wie erwähnt eingesteht, dass das nicht gesagt ist), zeichnet Goldstone ein sehr viel pessimistischeres Bild. Wäre die Invasion Englands durch William 1688 fehlgeschlagen, so Goldstone, so hätte es keine wissenschaftliche Revolution gegeben, keine parlamentarische Verfassung, kein britisches Empire, keine Moderne. Doch dazu, darauf hat Carla Gardina Pestana hingewiesen, hätte James II., den William in Wirklichkeit 1688 vom Thron verdrängte, »ein Ausmaß politischer Klugheit« erlangen müssen, »das kaum ein Sterblicher, und schon gar nicht ein Stuart auf dem Königsthron, je erreicht hat«.[50] Dafür hätte die Macht James II., die mittlerweile gewaltige Opposition im Land zu unterdrücken, sehr viel größer, und der Protestantismus sehr viel schwächer sein müssen. Die Engländer hätten sich kaum damit abgefunden, ein Satellitenstaat des französischen Sonnenkönigs Louis XIV. zu sein. Gut möglich, dass der nur wenige Jahrzehnte zurückliegende Bürgerkrieg erneut ausgebrochen wäre.

Was die Methodik betrifft, so beschleicht Pestana »bei der Art und Weise, in der Goldstone in seiner kontrafaktischen Darstellung bestimmten Kausalerklärungen Vorrang einräumt«, namentlich den Taten, Ansichten und Charaktereigenschaften bedeutender Persönlichkeiten, »ein ungutes Gefühl«. Dasselbe gilt, wenn Goldstone James II. die wissenschaftliche Revolution verhindern lässt, indem er Isaac Newton aus dem Weg räumt; dabei wissen wir, dass an wissenschaftlichen Durchbrüchen im 17. Jahrhundert ein sehr viel größerer Personenkreis aus unterschiedlichen Wissensgebieten beteiligt war. Was die Ereignisse anbelangt mag Goldstone sich an die Regel des minimalen Eingriffs halten – der oftmals dadurch Genüge getan wird, so der Kommentar Pestanas, dass man »jemand findet, den man sterben lassen kann«[51] –, doch damit sein kontrafaktisches Szenario aufgeht, muss er gleichzeitig die Ceteris-paribus-Regel ignorieren (zum Beispiel dadurch, dass er James II. effektives Regierungshandeln unterstellt). Im Übrigen könnte man darauf hinweisen, dass andere europäische Länder kein Problem damit hatten, wenn der Monarch einer anderen Konfession angehörte als seine Untertanen, und dass, wie das Beispiel von Kaiser Rudolf II. und seine Förderung von Wissenschaftlern und Astronomen wie Tycho Brahe und Johannes Kepler zeigt, katholischer Glaube und wissenschaftliche Forschung kein Gegensatz sein mussten.[52]

All das macht deutlich, auf welch dünnem empirischen Eis sich kontrafaktische Spekulationen häufig, vielleicht sogar in der Regel bewegen: Zu oft ist ihr Ausgangspunkt allzu unvorsichtig gewählt, zu häufig versäumen sie es, zwischen unterschiedlichen kausalen Ebenen zu differenzieren. Nicht selten versuchen sie sich an enorm komplexen historischen Themen und durchschlagen in ihren Interpretationen den gordischen Knoten, indem sie die Macht des einzelnen Akteurs betonen, den Lauf der Dinge zu verändern. Darüber hinaus ist jedes kontrafaktische Szenario an eine bestimmte historische Interpretation gebunden, die fast zwangsläufig schon für sich genommen anfechtbar ist, noch bevor eine Veränderung der Ausgangsbedingungen vorgenommen wird. So gibt es beispielsweise zahlreiche kontrafaktische Essays über den Ausbruch des Ersten Weltkriegs. In genretypischer Manier konzentrieren diese sich entweder auf ein Scheitern des Attentats auf Franz Ferdinand oder auf die Entscheidung des britischen Außenministers, nicht in den Krieg einzutreten – und nicht etwa auf einen anderen Verlauf der Entscheidungsprozesse in der russischen, österreichischen, serbischen oder irgendeiner anderen Regierung. Jede kontrafaktische Darstellung, die den Kriegsausbruch zum Ausgangspunkt nimmt, muss daher berücksichtigen, dass wir es 1914 mit einer Vielzahl sich auf völlig unvorhersehbare Weise überschneidender Kausalketten zu tun haben. Schon im Rahmen der Balkenkriege im Winter 1912/13 waren diese beinahe zusammengelaufen; wäre Franz Ferdinand nicht erschossen worden, so spricht vieles dafür, dass sie sich zu einem anderen Zeitpunkt auf andere Weise gebündelt hätten, auch wenn man das mit Sicherheit niemals sagen kann. Es sind einfach zu viele Variablen im Spiel, als dass es plausibel erschiene, wenn man eine einzige herausgriffe und das ganze komplexe Durcheinander an Ursachen auf die Auswirkungen einer einzigen Veränderung der Kausalkette reduzierte.[53]

Um zum Schluss zu kommen: Es wurden in diesem Buch Argumente dafür zusammengetragen, dass langfristige kontrafaktische Spekulationen wenig Überzeugungskraft besitzen und dem Historiker keinen Nutzen bringen, weil sie nach dem veränderten Ausgangsereignis zu viele Glieder der imaginären Kausalkette unter den Tisch fallen lassen. Oder, wie Eric Hobsbawm es einmal ausgedrückt hat: Alles, was man sagen könne, wenn eine Bedingung innerhalb einer Ereignisfolge verändert werde, also beispielsweise Lenin 1917 nicht nach Russland gelangt wäre, sondern in der Schweiz festgesessen hätte, sei: »›Die Dinge hätten sich völlig anders‹ oder ›nicht wesentlich anders entwickelt‹. Und weiter kommt man nicht, jedenfalls nicht im Reich der Tatsachen.«[54] Die Verfasser kontrafaktischer Szenarien sagen aber regelmäßig mehr, und genau das wird ihnen häufig zum Verhängnis. Allzu leicht fallen sie dem Wunschdenken anheim. Historiker, die sich für ihre Gedankenexperimente vernünftige Beschränkungen auferlegen, vergessen im Rausch des Spekulierens häufig alle guten Vorsätze. Ferguson formuliert eine Reihe von sehr vernünftigen und praktikablen Regeln für kontrafaktische Szenarien, nur um anschließend auf unterschiedlichste Weise gegen sie zu verstoßen, sei es, indem er sich mit seinen Spekulationen zu weit gegen den Strom der Zeit vorwagt, oder dass er immer tiefer im Sumpf des politisch motivierten Wunschdenkens versinkt. Parker und seine Kollegen fordern kurzfristige kontrafaktische Szenarien, die auf der minimalen Abänderung einer realen Ausgangssituation beruhen, nehmen dann aber langfristig angelegte, weit ausgreifende Erörterungen imaginärer sozialer und wirtschaftlicher Veränderungen von gewaltigem Ausmaß in ihren Sammelband auf, die sich über mehrere Jahrhunderte erstrecken. Roberts möchte seine Mitautoren aus der Tyrannei des Rückblicks befreien und die Geschichte für den Einfluss von Kontingenz und Zufall öffnen, druckt in seiner Aufsatzsammlung dann aber mehrere Essays ab, die zu dem Schluss kommen, was passiert ist, sei mehr oder weniger unvermeidbar gewesen. In den vergangenen Jahren wurde ständig betont, kontrafaktische Geschichte sei eine ernsthafte Angelegenheit; das hält viele ihrer Verfechter jedoch nicht davon ab, geistreiche und skurrile Essays zu schreiben, bei denen der Unterhaltungswert mindestens so hoch ist wie der Informationswert.

Mit den hier erörterten Problemen schlug sich auch der deutschstämmige amerikanische Historiker Holger Herwig herum. Als er überlegt habe, was wohl geschehen wäre, wenn Hitler den Krieg im Osten gewonnen hätte, gestand Herwig, habe er sich mit »einer verwirrenden Auswahl denkbarer kontrafaktischer Szenarien« konfrontiert gesehen: »Für welche sollte ich mich entscheiden?«[55] Wofür ein Historiker sich entscheidet, ist in der Praxis ein Spiegel seiner Intention, seines politischen Standpunkts, seiner Sachkenntnis sowie des zeitgenössischen Umfelds, in dem er schreibt. Zu einem gewissen Grad ist es außerdem das Ergebnis ästhetischer Abwägungen auf Seiten des Autors, ist dieser doch bemüht, ein möglichst überzeugendes, schlüssiges und (häufig) unterhaltsames kontrafaktisches Szenario zu entwerfen. Schreibt es die Geschichte nur minimal um und beschränkt es sich auf eine kurze Zeitspanne, so vermag ein kontrafaktisches Szenario ein Schlaglicht auf die Entscheidungen zu werfen, die ein bestimmter Politiker oder Staatsmann zu treffen hatte, sowie auf die Grenzen, die der historische Kontext seiner Entscheidungsfreiheit setzte. Je weiter es sich jedoch vom Ausgangspunkt entfernt, desto geringer wird sein Nutzen und desto weiter dringt es in das Reich der Alternativwelten vor, denen sich auf der Suche nach einem Ort, an dem sie ihrer Phantasie unbehindert von Fakten freien Lauf lassen können, immer mehr Menschen zuwenden.

Aus Frustration über die Komplexität und Ungewissheit des modernen Lebens ziehen die modernen Leser dem realen Mittelalter die Mittelerde aus Tolkiens *Herr der Ringe* vor, oder der Vielschichtigkeit einer Stadt in spätviktorianischer Zeit die Rationalität des viktorianischen London eines Sherlock Holmes. Besonders attraktiv sind derlei Phantasiewelten in Zeiten, die von politischen und kulturellen Ängsten, Ungewissheiten, Krisen oder Enttäuschungen geprägt sind.[56] Anders als Parker und Tetlock, die ihren Lesern vor Augen führen wollten, »welche zentrale Rolle der kontrafaktischen Perspektive in der ernsthaften historischen Forschung zukommen sollte«[57], habe ich in diesem Buch argumentiert, dass sie keineswegs von zentraler, sondern vielmehr von marginaler Bedeutung ist. Unter ganz bestimmten, streng begrenzten Umständen und für streng begrenzte Zwecke kann sie nützlich sein; betrachtet man jedoch die umfangreiche Literatur, die diesem Genre mittlerweile zuzurechnen ist, mit Hunderten gedruckter Fallstudien, so kann man eigentlich nur zu dem Schluss kommen, dass sie vor allem als eigenständiges Phänomen von Nutzen und Interesse ist, als Teil der modernen, zeitgenössischen intellektuellen und politischen Geschichte, der selbst ein interessantes Studienobjekt darstellt, zur ernsthaften Erforschung der Vergangenheit jedoch keinen nennenswerten Beitrag leistet. Oder, wie Max Weber es formulierte: »In jeder Zeile jeder historischen Darstellung [...] stecken Möglichkeitsurteile oder richtiger: müssen sie stecken, wenn die Publikation Erkenntniswert haben soll.«[58]

Zu diesem Schluss kamen viele, die sich mit kontrafaktischer Geschichte auseinandergesetzt haben, vom Historiker Gavriel Rosenfeld, für den die Motive für kontrafaktische Spekulationen »stets in der Gegenwart wurzeln«,[59] bis hin zum Literaturwissenschaftler Benjamin Wurgaft, demzufolge die Tatsache, »dass sich jemand die Mühe macht, solche Fragen zu stellen, [...] hervorragende Anhaltspunkte für die Vorurteile und Interessen des Historikers [liefert], der diese Fragen stellt.«[60] Das liegt nicht zuletzt daran, dass, wie Friedrich Nietzsche bemerkte, durch »die Frage: ›Was wäre geschehen, wenn das und das nicht eingetreten wäre?‹ [...] alles zu einem ironischen Ding wird«.[61] Die Ironie kontrafaktischer Szenarien liegt darin, dass sie letztlich stets mehr über die Gegenwart verraten als über die Vergangenheit.

Das Schlusswort sollte vielleicht Walther Rathenau haben, der, wie wir gesehen haben, selbst Gegenstand eines besonders ausgeklügelten kontrafaktischen Romans aus der Feder seines italienischen Bewunderers Guido Morselli geworden ist. Mit Blick in die Vergangenheit, auf die Ereignisse des Ersten Weltkriegs, und in die Zukunft, auf die neue Welt, die er zu formen hoffte, sobald Frieden herrschte, bemerkte Rathenau 1918: »Die Geschichte konjugiert nicht im Konditionalis, sie redet von dem, was ist und war, nicht von dem, was wäre und gewesen wäre.«[62]

ANMERKUNGEN

1 Zit. n. Fritz Stern (Hg.), *Geschichte und Geschichtsschreibung: Möglichkeiten – Aufgaben – Methoden. Texte von Voltaire bis zur Gegenwart*, München 1966, S. 298f.

Kapitel 1: Wunschdenken

1 Victor Hugo, *Les Misérables*, London 1988 [1862], S. 279–324.
2 James Joyce, *Ulysses*, übers. von Hans Wollschläger, Frankfurt a. M. 2004 [1922], S. 36.
3 «Le nez de Cléopatre: s'il eût été plus court, toute la face de la terre aurait changé«, in: Blaise Pascal, *Pensées*, hgg. v. Léon Brunschwig, Paris 1976, S. 39; Edward Hallett Carr, *Was ist Geschichte?*, 6. Auflage, Stuttgart 1981, S. 96–99.
4 *Les Aventures de M. Robert Chevalier, dit de Beauchêne, Capitaine de Filibustiers dans la Nouvelle-France*, Paris 1783 [1732].
5 Edward Gibbon, *The History of the Decline and Fall of the Roman Empire*, London 1910 [1772–1789], Bd. 5, S. 399; zu Gibbons Zeit in Oxford siehe die *Autobiography of Edward Gibbon, as originally edited by Lord Sheffield*, London 1907 [1796], S. 31–55.
6 Isaac D'Israeli, »Of a History of Events Which Have Not Happened«, in: *Curiosities of Literature*, Paris 1835, Bd. 2, S. 369–378. D'Israeli veröffentlichte seine *Curiosities* ursprünglich 1791. Ein zweiter Band erschien 1793, gefolgt von verschiedenen weiteren, um immer weitere Essays ergänzten Ausgaben, darunter eine von 1817, die einen dritten Band enthielt. Zu Alexander siehe Livius, *Ab urbe condita*, Buch IX, 17–19; zu *Tirant lo Blanc* siehe die dt. Übersetzung: Joannot Martorell/Martí Joan de Galba,

Der Roman vom weißen Ritter Tirant lo Blanc, Frankfurt a. M. 2007, Bd. III, S. 288–469.

7 Christoph Rodiek, *Erfundene Vergangenheit: Kontrafaktische Geschichtsdarstellung (Uchronie) in der Literatur*, Frankfurt a. M. 1997 (Analecta Romanica Heft 57), S. 63.

8 Jean Tulard (Hg.), *Napoléon à Sainte-Hélène: Par les quatre évangélistes Las Cases, Montolon, Gourgaud, Bertrand*, Paris 1981, S. 326–327, zit. n. Rodiek, *Erfundene Vergangenheit*, S. 67. Siehe auch Kai Brodersen, *Virtuelle Antike: Wendepunkte der Alten Geschichte*, Darmstadt 2000.

9 Louis Geoffroy, *Napoléon apocryphe, 1812–1832: Histoire de la conquête du monde et de la monarchie universelle*, Paris 1844 [1836]; Rodiek, *Erfundene Vergangenheit*, S. 67–89.

10 Rodiek, *Erfundene Vergangenheit*, S. 72, Anm. 10; Emmanuel Carrère, *Kleopatras Nase. Kleine Geschichte der Uchronie*, Berlin 1993, S. 18–32. Tatsächlich starb Josephine 1814.

11 Rodiek, *Erfundene Vergangenheit*, S. 67–76; siehe auch Pierre Veber, *Seconde vie de Napoléon Ier*, Paris 1924, sowie Louis Millanvoy, *Seconde vie de Napoléon (1821–1836)*, Paris 1913.

12 Charles Renouvier, *Uchronie (L'utopie dans l'histoire): Esquisse historique apocryphe du développement de la civilisation européenne tel qu'il n'a pas été, tel qui'il aurait pu être*, Paris 1876, bestehend aus Artikeln in *Revue philosophique et religieuse* 7 (1857), S. 187–208 und 510–541; sowie 8 (1857), S. 246–279; siehe auch Rodiek, *Erfundene Vergangenheit*, S. 77–89, sowie Carrère, *Kleopatras Nase*, S. 57–67. Allgemeiner hierzu Paul Alkon, *Origins of French Fantastic Fiction*, Atlanta (GA) 1987.

13 Rodiek, *Erfundene Vergangenheit*, S. 79.

14 Ebd., S. 77–90. Allein die Anhänge in Renouviers Buch umfassen mehr als 100 Seiten.

15 «If Napoleon Had Won the Battle of Waterloo«, in: George M. Trevelyan, *Clio: A Muse, and Other Essays, Literary and Pedestrian*, London 1913, S. 184–200; erneut abgedruckt in: John Collings Squire (Hg.), *If It Had Happened Otherwise*, London 1972 [1932], S. 299–312.

16 Vgl. David Cannadine, *G. M. Trevelyan: A Life in History*, London 1992.

17 Edmund Blunden, »Sir John Collings Squire«, in: Clare L. Taylor (Hg.), *Oxford Dictionary of National Biography*, Oxford 2004.

18 Vgl. auch die Überarbeitung dieser Phantasie in Geoffrey Hawthorn, *Die Welt ist alles, was möglich ist. Über das Verstehen der Vergangenheit*, Stuttgart 1994, S. 11–13.

19 Squire, *If It Had Happened Otherwise*, S. 48.

20 Arnold J. Toynbee, *Der Gang der Weltgeschichte. Aufstieg und Verfall der Kulturen*, Stuttgart 1950 [1934], Bd. II. Die Entstehung der Kulturen.

21 Der Sieg der Konföderierten im Bürgerkrieg ist eines der beliebtesten kontrafaktischen Szenarien, auch wenn die daraus abgeleiteten Folgen unterschiedlicher nicht sein könnten; vgl. Phil Patton, »Lee Defeats Grant«, *American Heritage* 50 (1999), S. 39–45.

22 William L. Shirer, »If Hitler Had Won World War II«, *Look* (19. Dezember 1961), S. 28 und 43. Siehe dazu auch Gavriel Rosenfeld, *The World Hitler Never Made: Alternate History and the Memory of Nazism*, Cambridge 2011, S. 103f. Eine fiktionale Darstellung, in der England katholisch wird und ein traditionsverhaftetes Papsttum bis ins späte 20. Jahrhundert überdauert, ist Kingsley Amis' Buch *Die Verwandlung* (München 1986). Im Klassiker *Verschwörung gegen Amerika* (Hamburg 2007) stellt Philip Roth sich vor, die Vereinigten Staaten wären nach der Wahl von Charles Lindbergh zum amerikanischen Präsidenten 1940 faschistisch und antisemitisch geworden.

23 Geoffrey Parker, »If the Armada Had Landed«, *History* 61 (1976), S. 358–368.

24 Guido Morselli, *Licht am Ende des Tunnels*, Frankfurt a. M. 1977 [1975].

25 Shulamit Volkov, *Walther Rathenau. Ein jüdisches Leben in Deutschland 1867–1922*, München 2012.

26 Rodiek, *Erfundene Vergangenheit*, S. 100–108; siehe auch Susanne Kleinert, »Historiographie und fiktionale Geschichtdarstellung in Guido Morsellis ›Contro-passato prossimo‹«, in: Helene Harth et al. (Hg.), *Konflikt der Diskurse: Zum Verhältnis von Literatur und Wissenschaft im modernen Italien*, Tübingen 1991, S. 231–248.

27 Víctor Alba, *1936–1976: Historia de la II República Española*, Barcelona 1976, besprochen in Rodiek, *Erfundene Vergangenheit*, S. 117–119.
28 Rodiek, *Erfundene Vergangenheit*, S. 119–122, mit einer Besprechung von Fernando Vizcaíno Casas, *Los rojos ganaron la guerra: Como hubiera podido ser el futuro—nuestro presente—si Franco pierde la guerra civil*, Barcelona 1989, und Manuel Talens, »Ucronia«, in: *Venganzas*, Barcelona 1994, S. 25–34.
29 Barbara W. Tuchman, »If Mao Had Come to Washington: An Essay in Alternatives«, in: *Foreign Affairs* 51 (1971/72), S. 44–64. Siehe auch Rodiek, *Erfundene Vergangenheit*, S. 128.
30 Carr, *Was ist Geschichte?*, S. 96–99.
31 Daniel Snowman (Hg.), *If I Had Been ... Ten Historical Fantasies*, London 1979.
32 Ebd., S. 2.
33 Ebd., S. 4f.
34 Ebd., S. 6–8.
35 Niall Ferguson (Hg.), *Virtuelle Geschichte. Historische Alternativen im 20. Jahrhundert*, Darmstadt 1999 [1997], S. 22f.
36 Ian Kershaw, *Popular Opinion and Political Dissent in the Third Reich: Bavaria 1933–1945*, Oxford, 1983, S. viii.
37 Snowman, *If I Had Been*, S. 3, 9.
38 Ebd., S. 28, 70, 94–95.
39 Alexander Demandt, *Ungeschehene Geschichte. Ein Traktat über die Frage: Was wäre geschehen, wenn ... ?*, 3. Auflage 2001 [1984], S. 5.
40 Demandt, *Ungeschehene Geschichte*, S. 146–163; letztes Zitat S. 161.
41 John M. Merriman (Hg.), *For Want of a Horse: Choice and Chance in History*, Lexington (MA) 1985, S. x.
42 Dass ein Jahr darauf ein weiterer Sammelband erschien, *Alternative Histories: Eleven Stories of the World as It Might Have Been*, hgg. v. Charles G. Waugh und Martin H. Greenberg (New York 1986), legt den Schluss nahe, dass das Genre bereits wieder in Mode kam. Kompensatorische Phantasien über einen Sieg der Konföderierten im Amerikanischen Bürgerkrieg hatte der Humorist James Thurber bereits in seiner Kurzgeschichte *If Grant Had Been Drinking at Appottamox* parodiert.

43 Aviezer Tucker, Rezension von Ferguson, Virtual History, in: *History and Theory* 38 (1999), S. 254–276, hier S. 265f.
44 H. A. L. Fisher, *Die Geschichte Europas*, Stuttgart 1951 [1936], S. 5f.
45 Edward Hallett Carr, *From Napoleon to Stalin*, London 1989, S. 262f. (Interview mit Perry Anderson).
46 Friedrich Meinecke, *Werke*, München 1957–79, Bd. 4, S. 261, zit. n. Demandt, *Ungeschehene Geschichte*, S. 20.
47 Robert William Fogel, *Railroads and American Economic Growth: Essays in Econometric History*, Baltimore (MD) 1964. Siehe auch Stanley L. Engerman, »Counterfactuals and the New Economic History«, in: *Inquiry* 23 (1980), S. 157–172. Eine Verteidigung dieses Vorgehens liefert Eric Hobsbawm, *Wieviel Geschichte braucht die Zukunft?*, München 1998, S. 153ff.
48 Merriman, *For Want of a Horse*, S. ix.
49 Die deutsche Übersetzung erschien unter dem Titel *Was wäre gewesen, wenn? Wendepunkte der Weltgeschichte*, München 2000, Anm. d. Ü.
50 Vgl. »Historians Warming to Games of ›What If‹«, *New York Times*, 7. Januar 1998; Martin Arnold, »The What Ifs That Fascinate«, *New York Times*, 21. Dezember 2000.
51 Rosenfeld, *The World Hitler Never Made*, S. 4–11. Siehe auch ders., »Why Do We Ask ›What If?‹ Reflections on the Function of Alternate History«, in: *History and Theory* 41 (2010), S. 90–103.
52 Tristram Hunt, »Pasting Over the Past«, *Guardian*, 7. April 2004.
53 Rosenfeld, *The World Hitler Never Made*, S. 1–11. Siehe auch Mark A. Carnes (Hg.), *Past Imperfect: History According to the Movies*, New York 1995, und Richard J. Evans, *Fakten und Fiktionen. Über die Grundlagen historischer Erkenntnis*, Frankfurt a. M. 1998 [1997].
54 Zit. n. Philip E. Tetlock/Richard Ned Lebow/Geoffrey Parker (Hg.), *Unmaking the West: ›What-If?‹ Scenarios That Rewrite World History*, Ann Arbor (MI) 2000, S. 14–16, 28–35 und Anm.
55 Rosenfeld, *The World Hitler Never Made*, S. 11.

Kapitel 2: Virtuelle Geschichte

1 Cowley, Robert (Hg.): *More What if?*, S. xv.
2 Jeremy Black, *What If? Counterfactualism and the Problem of History*, London 2008, S. 6f.
3 Andrew Roberts, *What Might Have Been: Leading Historians on Twelve »What Ifs« of History*, London 2004, S. 2.
4 Benjamin Aldes Wurgaft, »The Uses of Walter: Walter Benjamin and the Counterfactual Imagination«, in: *History and Theory* 49 (2010), S. 361–383, hier S. 361.
5 Geoffrey Parker/Philip Tetlock, »Counterfactual Thought Experiments«, in: Tetlock/Lebow/Parker, *Unmaking the West*, S. 14–46, hier S. 17.
6 Simon J. Kaye, »Challenging Certainty: The Utility and History of Counterfactualism«, in: *History and Theory* 49 (2010), S. 38–57, hier S. 38.
7 Merriman, *For Want of a Horse*, S. ix–x.
8 Black, *What If?*, S. 7–9.
9 Hunt, »Pasting Over the Past«.
10 Carr, *Was ist Geschichte?*, S. 99.
11 Roberts, *What Might Have Been*, S. 3.
12 Ferguson, *Virtuelle Geschichte*, S. 70–73.
13 Eric Hobsbawm, *Sozialrebellen. Archaische Sozialbewegungen im 19. und 20. Jahrhundert*, Neuwied/Berlin 1971 [1959]; Edward Thompson, *Die Entstehung der englischen Arbeiterklasse*, Frankfurt a. M. 1987 [1963], S. 11.
14 Edward Hallett Carr, *Socialism in One Country, 1924–1926*, Bd. I, London 1958, S. 151–202 (Abschnitt »Personalities«).
15 Zit. n. Ferguson, *Virtuelle Geschichte*, S. 53f.
16 Karl Marx, *Der achtzehnte Brumaire des Louis Bonaparte*, Berlin 1946, S. 9.
17 Allan Megill, *Historical Knowledge, Historial Error. A Contemporary Guide to Practice*, Chicago 2007, S. 152.
18 Fernand Braudel, *Das Mittelmeer und die mediterrane Welt in der Epoche Philipps II.*, 3 Bände, Frankfurt a. M. 1990 [1949].
19 Fernand Braudel, zit. n. Lubomír Doležel, »Narratives of

Counterfactual History«, in: Göran Rossholm (Hg.), *Essays in Fiction and Perspective*, Bern 2004, S. 109–29, S. 111.

20 Ferguson, *Virtuelle Geschichte*, S. 111.

21 Herbert Butterfield, *The Whig Interpretation of History*, London 1931.

22 Tucker, Rezension von Ferguson, S. 266f.

23 Ferguson, *Virtuelle Geschichte*, S. 64–66.

24 Ebd., S. 79.

25 Vgl. hierzu die klassische kritische Analyse von Pieter Geyl, *Die Diskussion ohne Ende. Auseinandersetzungen mit Historikern*, Darmstadt 1958 [1955], S. 84–160.

26 Maurice Mandelbaum, *The Anatomy of Historical Knowledge*, Baltimore 1977, S. 105–110, zit. in Tucker, Besprechung von Ferguson, S. 267f.

27 Tucker, Rezension von Ferguson, S. 268. Tuckers Beispiele für kontrafaktische Szenarien, die bestimmte Theorien angeblich in Frage stellen, sind in Wirklichkeit keine kontrafaktischen Spekulationen, sondern Tatsachen.

28 Ferguson, *Virtuelle Geschichte*, S.83–86.

29 Tucker, Rezension von Ferguson, S. 268; siehe auch Evans, *Fakten und Fiktionen*, S. 72f., 135ff., 144f., sowie Hayden White, *Metahistory. Die historische Einbildungskraft im 19. Jahrhundert in Europa*, Frankfurt a. M. 2008 [1987].

30 Vgl. Paul M. Kennedy, *Aufstieg und Fall der großen Mächte*, Frankfurt a. M. 1989 [1987], und Lawrence Stone, *Ursachen der englischen Revolution 1529–1642*, Frankfurt a. M. u.a. 1983 [1975].

31 Tucker, Rezension von Ferguson, S. 271.

32 Richard Ned Lebow, *Forbidden Fruit. Counterfactuals and International Relations*, Princeton (NJ) 2010, S. 47–49.

33 Ferguson, *Virtuelle Geschichte*, S. 126.

34 Ferguson, *Virtual History*, S. 279.

35 John Charmley, *Churchill. Das Ende einer Legende*, Berlin 1997. Vgl. auch meine Ausführungen zu diesem Buch in Richard J. Evans, *Rereading German History, 1800–1996: From Unification to Reunification*, London 1996, S. 204–212.

36 Alan Clark, »A Reputation Ripe for Revision«, *The Times*, 2. Januar 1993. Siehe auch die außerordentlich lesenswerten

Ausführungen in Rosenfeld, *The World Hitler Never Made,* S. 83–86 und 88f.

37 Vgl. R. W. Johnson, »The Greatest Error of Modern History«, in: *London Review of Books* 21 (1999), S. 7f.

38 Ian Kershaw, *Hitler 1936–1945*, Stuttgart 2000, S. 489–503.

39 Roy Jenkins, *Churchill*, London 2001, S. 608.

40 Paul Addison, »Churchill and the Price of Victory: 1939–1945«, in: Nick Tiratsoo (Hg.), *From Blitz to Blair: A New History of Britain Since 1939*, London 1997, S. 63f.

41 Andrew Roberts, »England unter Hitlers Herrschaft: Wenn Deutschland im Mai 1940 Großbritannien erobert hätte«, in: Ferguson, *Virtuelle Geschichte*, S. 179–226, hier S. 199.

42 C. J. Sansom, *Dominion*, London 2012, S. 571–593.

43 Holger H. Herwig, »Hitler Wins in the East but Germany Still Loses World War II«, in: Tetlock/Lebow/Parker, *Unmaking the West*, S. 323–362.

44 Sansom, *Dominion*, S. 581–588.

45 John Lukacs, »What if Hitler Had Won the Second World War?«, in: David Wallechinsky (Hg.), *The People's Almanac*, Bd. 2, New York 1978, S. 396–398.

46 Paul Addison, *The Road to 1945. British Politics and the Second World War*, London 1975.

47 Johannes Bulhof, »What If? Modality and History«, in: *History and Theory* 38 (1999), S. 145–168, hier S. 146f.

48 Megill, *Historical Knowledge, Historical Error*, S. 152.

49 Martin Bunzl, »Counterfactual History: A User's Guide«, in: *American Historical Review*, 109 (2004), S. 845–868.

50 Jon Elster, *Logik und Gesellschaft. Widersprüche und mögliche Welten*, Frankfurt a. M. 1981.

51 Steven Lukes, »Elster on Counterfactuals«, in: *Inquiry. An Interdisciplinary Journal of Philosophy* 23 (1980), S. 145–55, hier S. 153.

52 Carrère, *Kleopatras Nase*, S. 101f.

53 J. C. D. Clark, »British America: What If There Had Been no American Revolution?«, in: Ferguson (Hg.), *Virtual History*, S. 125–174, hier S. 174. (In der (gekürzten) deutschen Ausgabe ist Clarks Beitrag nicht enthalten, Anm. d. Ü.)

54 Ebd., S. 171.
55 Tetlock/Lebow/Parker, *Unmaking the West*, S. 372.
56 Ferguson, *Virtual History*, S. 237.
57 Clark, »British America«, S. 171.
58 Ebd., S. 174.

Kapitel 3: Zukunftsfiktionen

1 Jorge Semprún, *Algarabía oder die neuen Geheimnisse von Paris*, Frankfurt a. M. 1985, S. 146–156.
2 Rodiek, *Erfundene Vergangenheit*, S. 15–24.
3 Tucker, Rezension von Ferguson, S. 265.
4 Rosenfeld, *The World Hitler Never Made*, S. 518.
5 Siehe auch Rodiek, *Erfundene Vergangenheit*, S. 141–149 und 161 f.
6 Rosenfeld, *The World Hitler Never Made*, S. 518.
7 Henry Vollam Morton, *I, James Blunt*, Toronto 1942, S. 3, zit. n. Rosenfeld, *The World Hitler Never Made*, S. 39.
8 Mehr zum Stück von Coward in Rodiek, *Erfundene Vergangenheit*, S. 130–132.
9 Ebd., S. 132–135. Siehe auch Carrère, *Kleopatras Nase*, S. 54.
10 Rosenfeld, *The World Hitler Never Made*, S. 45–49.
11 Vgl. Richard J. Evans, *Society and Politics in Wilhelmine Germany*, London 1978, S. 11–13.
12 Norman Longmate, *If Britain Had Fallen. The Real Nazi Occupation Plans*, London 2004 [1972], S. 109.
13 Ebd., S. 107 f., 117 f., 116, 8.
14 Ebd., S. 135–145, 173, 178 f., 186–206, 207–257, 258–262.
15 David Lampe, *The Last Ditch*, London 1968; Adrian Gilbert, *Britain Invaded*, London 1990.
16 John Ramsden, *Don't Mention the War: The British and the Germans since 1890*, London 2006, S. 412–414. Rosenfeld (S. 71) versucht seine These, bei den britischen Darstellungen Deutschlands und des Nationalsozialismus sei seit den sechziger Jahren ein kontinuierlicher Prozess der »Normalisierung« ohne Rückschläge oder Brüche zu beobachten, aufrechtzuerhalten, indem er auf eine spätere, 2002 veröffentlichte Sekundär-

quelle verweist, ignoriert jedoch die hier genannten Umfrageergebnisse.

17 William Cash, *Against a Federal Europe. The Battle for Britain*, London 1991, S. 1, 71, 82.

18 John Charmley, »Why, Sadly, We Can Never Trust Germany«, *Daily Mail*, 8. Mai 1995, S. 8.

19 Vgl. Andrew Bonnell, »Europhobia in the New Tory Historiography«, in: John Milfull (Hg.), *Britain in Europe. Prospects for Change*, Aldershot 1999, S. 207–225.

20 Madeleine Bunting, *The Model Occupation. The Channel Islands under German Rule, 1940–1945*, London 1995.

21 Roberts, »Hitler's England«, S. 305.

22 Ebd., S. 317.

23 Owen Sheers, *Resistance*, London 2007, S. 217.

24 Andrew Roberts, *Das Aachen Memorandum*, München 1996 [1995], S. 16, 19–25, 32.

25 Ebd., S. 32.

26 Robert Harris, »Nightmare Landscape of Nazism Triumphant«, *Sunday Times*, 10. Mai 1992, Abschnitt 2, S. 1, zit. n. Rosenfeld, *The World Hitler Never Made*, S. 423, Anm. 187. Rosenfeld (Anm. 188) merkt dazu zwar an, Harris habe sich von der Sichtweise distanziert, dass auch andere Merkmale der EU Ähnlichkeiten mit einem von den Nationalsozialisten beherrschten Europa aufweisen. Das ändert jedoch nichts an der Tatsache, dass Harris' Roman viele Charakteristika des deutschfeindlichen Euroskeptizismus aufweist, der in Großbritannien in den 1990er Jahren um sich griff.

27 Rosenfeld, *The World Hitler Never Made*, S. 87. Siehe auch Rodiek, *Erfundene Vergangenheit*, S. 150–152, sowie Philip Purser, »Hitler's Common Market«, *London Review of Books*, 06. August 1991, S. 22.

28 Sansom, *Dominion*, S. 578, 588.

29 Ebd., S. 584f.

30 Vgl. Gerhard L. Weinberg (Hg.), *Hitlers Zweites Buch. Ein Dokument aus dem Jahr 1928*, Stuttgart 1961.

31 Timothy W. Mason, *The Working Class and the »National Community«*, Providence (RI) 1993, S. 7. Siehe als Gegensatz dazu auch

Niall Ferguson, »What Might Have Happened«, *Times Literary Supplement*, 19. September 2007.

32 Richard J. Evans, *Das Dritte Reich.* Krieg, München 2009, S. 419f.

33 Rosenfeld, *The World Hitler Never Made*, S. 15–18, 22f., 193f.

34 Siehe beispielsweise ebd., S. 33.

35 Ebd., S. 199–245, 259.

36 Eine nützliche Einführung in dieses Thema bietet Bill Niven, *Facing the Nazi Past. United Germany and the Legacy of the Third Reich*, London 2002.

37 Peter Novick, *Nach dem Holocaust. Der Umgang mit dem Massenmord*, Stuttgart/München 2001, S. 171–194.

38 Rosenfeld, *The World Hitler Never Made*, S. 227–231.

39 W. Hugh Thomas, *Doppelgängers. The Truth About the Bodies in the Bunker*, London 1995; sowie vom gleichen Autor *Der Mord an Rudolf Heß*, München 1979, und *SS-1. The Unlikely Death of Heinrich Himmler*, London 2001.

40 Siehe Deborah Lipstadt, *Leugnen des Holocaust. Rechtsextremismus mit Methode*, Reinbek 1996, sowie Richard J. Evans, *Der Geschichtsfälscher. Holocaust und historische Wahrheit im David-Irving-Prozess*, Frankfurt a. M. 2001.

41 »Democrats and Republicans differ on conspiracy theory beliefs«, Meinungsumfrage von Pubic Policy Polling, veröffentlicht am 02. April 2013, abrufbar unter: http://www.publicpolicypolling.com/main/2013-archive.html [01.05.2014].

42 In dt. Übersetzungen »Schwer liegt die Heuschrecke« oder »Die Plage der Heuschrecke«. Anm. d. Ü.

43 Philip K. Dick, *Das Orakel vom Berge*, München 2008 [1962], S. 333f.

44 Keith Roberts, *Die folgenschwere Ermordung Ihrer Majestät Königin Elisabeth I.*, München 1977, später unter dem Titel *Pavane*, München 1984 [1968].

45 Rodiek, *Erfundene Vergangenheit*, S. 42. Siehe auch Jörg Helbig, *Der parahistorische Roman: Ein literaturhistorischer und gattungstypologischer Beitrag zur Allotopieforschung*, Frankfurt a. M. 1988, sowie Eric B. Henriet, *L'histoire révisité. L'uchronie dans toutes ses formes*, Paris 1999.

46 Christian Goeschel, *Selbstmord im Dritten Reich*, Berlin 2011.

47 Vgl. Karen Hellekson, *The Alternate History. Refiguring Historical Time*, Kent (OH) 2001, sowie Ian Watson/Ian Whates (Hg.), *The Mammoth Book of Alternate Histories*, New York 2010.

Kapitel 4: Mögliche Welten

1 Nathaniel Hawthorne, »P's Correspondence«, in: *Mosses from an Old Manse*, New York 1846.

2 Hilary Mantel, *Wölfe*, Köln 2012, sowie *Falken*, Köln 2013.

3 Vgl. I. F. Clarke, *Voices Prophesying War. Future Wars, 1763–3749*, London 1992.

4 Rodiek, *Erfundene Vergangenheit*, S. 48.

5 Black, *What If?*, S. 188.

6 Tucker, Rezension von Ferguson, S. 276.

7 Black, *What If?*, S. 91, 188–190.

8 Tucker, Rezension von Ferguson, S. 274.

9 Roberts, *What Might Have Been*, Einband der Taschenbuchausgabe (2005).

10 Tetlock/Lebow/Parker, *Unmaking the West*, S. 335.

11 Dominic Sandbrook, »What If .... Egypt Had Ruled Over Us«, *New Statesman*, 02. Dezember 2010; »What If ... William Hadn't Conquered«, *New Statesman*, 01. Juli 2010; »What If ... Henry V. Had Lived On«, *New Statesman*, 06. Januar 2011; »What If ... Little Prince Hal Had Lived«, *New Statesman*, 03. Februar 2011; »What If ... Reformation Had Failed«, *New Statesman*, 08. Juli 2010. Mit Dawkins ist natürlich der militante englische Atheist Richard Dawkins gemeint, Autor von *Der Gotteswahn*; Muggeridge, ein auf den englischen Kontext übertragener General Franco, steht für den scharfzüngigen Journalisten Malcolm Muggeridge.

12 Dominic Sandbrook, »What If ... Britain Was Still a Republic«, *New Statesman*, 04. November 2010.

13 Ferguson, »Afterword: A Virtual History, 1646–1996«, in: *Virtual History*, S. 416–440. (Nachwort in der dt. Ausgabe nicht enthalten, Anm. d. Ü.)

14 Ferguson, *Virtuelle Geschichte*, S. 24–28.
15 Tucker, Rezension von Ferguson, S. 276.
16 Roberts, *What Might Have Been*, S. 15–58.
17 Ferguson, *Virtual History*, S. 91–124 (In der dt. Ausgabe ist der Aufsatz von Adamson nicht enthalten; Anm. d. Ü.). Robert Cowleys Beitrag zum Sammelband von Roberts (S. 59–78) ist kein kontrafaktisches Szenario im eigentlichen Sinne, weil er zwar beschreibt, wie ein ganz bestimmtes, scheinbar unbedeutendes Ereignis den Verlauf des Amerikanischen Unabhängigkeitskriegs hätte verändern können, aber kein Wort zu den damit verbundenen Folgen verliert. Auch Amanda Foreman (S. 92–104), die spekuliert, was geschehen wäre, wenn der 1861 zwischen Großbritannien und den Vereinigten Staaten drohende Krieg nicht abgewendet worden wäre, interessiert sich wie Cowley mehr für die Mechanismen, die in der Geschichte eine Wendung bewirken können, als für die Folgen einer alternativen Entwicklung.
18 Roberts, *What Might Have Been*, S. 79–133.
19 Ebd., S. 166–188.
20 Black, *What If?*, S. 10.
21 Tetlock/Lebow/Parker, *Unmaking the West*, S. 241–322; sowie William H. McNeill, »What If Pizarro Had Not Found Potatoes in Peru?«, in: Cowley, *More What If?*, S. 413–427, der hauptsächlich schildert, wie einflussreich die Kartoffel in Europa tatsächlich war.
22 Hunt, »Pasting Over the Past«.
23 Lubomír Doležel, *Possible Worlds of Fiction and History. The Postmodern Stage*, Baltimore (MD) 2010, S. 122.
24 Geoffrey Hawthorn, *Die Welt ist alles, was möglich ist. Über das Verstehen der Vergangenheit*, Stuttgart 1994, S. 53–97.
25 Joel Mokyr, »King Kong and Cold Fusion. Counterfactual Analysis of the History of Technology«, in: Tetlock/Lebow/Parker, *Unmaking the West*, S. 277–322, hier S. 311.
26 Niall Ferguson, *Der Westen und der Rest der Welt. Die Geschichte vom Wettstreit der Kulturen*, Berlin 2013 [2011].
27 Der Aufsatz von Clark ist in der dt. Übersetzung nicht enthalten, Anm. d. Ü.

28 Tucker, Rezension von Ferguson, S. 275.
29 Tetlock/Lebow/Parker, *Unmaking the West*, S. 264f.
30 Henry A. Turner, Jr., *Hitlers Weg zur Macht*, München 1996, S. 222.
31 Tetlock/Lebow/Parker, *Unmaking the West*, S. 264f.
32 Richard J. Evans, *Das Dritte Reich. Aufstieg*, München 2004, S. 398–413.
33 Megill, *Historical Knowledge, Historical Error*, S. 151.
34 Ebd., S. 153f.
35 Ebd., S. 152–155.
36 Tucker, Rezension von Ferguson, S. 270.
37 Ebd.
38 Bulhof, »What If?«, S. 155f.
39 Daniel Jonah Goldhagen, *Hitlers willige Vollstrecker*, Berlin 1996, S. 18.
40 Ebd.
41 Bunzl, »Counterfactual History: A User's Guide«, in: *American Historical Review*, Bd. 109 (2004), S. 855.
42 Ebd., S. 857.
43 Ebd.
44 Sansom, *Dominion*, S. 589.
45 So produzierte die Sowjetunion bereits dreimal so viele Panzer wie Deutschland – ein Ungleichgewicht, das die Rationalisierungsbemühungen Speers nicht verringern konnten; siehe Evans, *Das Dritte Reich. Krieg*, S. 419f.
46 Yemima Ben-Menachem, »Historical Contingency«, in: *Ratio* 10 (1997), S. 99–107, zit. n. Tucker, Rezension von Ferguson, S. 268–271.
47 Andrew Roberts, »Prime Minister Halifax«, in: Cowley, *More What If?*, S. 279–290.
48 Herwig, in: Tetlock/Lebow/Parker, *Unmaking the West*, S. 323–360.
49 Parker/Tetlock, in: ebd., S. 367.
50 Goldstone, in: ebd., S. 168–196.
51 Pestana, in: ebd., S. 367, 200.
52 Robert J. W. Evans, *Rudolf II. Ohnmacht und Einsamkeit*, Graz/Wien/Köln 1980 [1973].

53 Siehe die interessante, obschon weitgehend ergebnislose Analyse in Lebow, *Forbidden Fruit,* S. 69–102 (»Franz Ferdinand Found Alive: World War I Unnecessary«). Ein weiteres Beispiel für Wunschdenken im Zusammenhang mit dem Überleben Franz Ferdinands 1914 findet sich in Demandt, *Ungeschehene Geschichte,* S. 119–121.

54 Eric Hobsbawm, *Wieviel Geschichte braucht die Zukunft?*, München 2001, S. 309.

55 Herwig, »Hitler Wins«, S. 352.

56 Siehe die brillante Kulturgeschichte von Michael Saler, *As If: Modern Enchantment and the Literary Prehistory of Virtual Reality,* New York 2012.

57 Tetlock/Lebow/Parker, *Unmaking the West,* S. 389.

58 Max Weber, »Kritische Studien auf dem Gebiet der kulturwissenschaftlichen Logik« (1906), in: *Gesammelte Aufsätze zur Wissenschaftslehre* (1968), S. 275, zit. n. Demandt, *Ungeschehene Geschichte,* S. 28.

59 Rosenfeld, »Why Do We Ask ›What If?‹«, S. 90.

60 Wurgaft, »The Uses of Walter«, S. 361.

61 Friedrich Nietzsche, *Werke,* Bd. IV/1, S. 132, zit. n. Demandt, *Ungeschehene Geschichte,* S. 15, 20.

62 Walther Rathenau, *Die neue Wirtschaft,* Berlin 1918, S. 82, zit. n. Rodiek, *Erfundene Vergangenheit,* S. 100

REGISTER